本书系山东省教育厅 2024 年本科教学改革研究项目"立德树人引领下 师生双养工程'融合推进的体系构建与实践路径"（编号：M2024332）阶段性成果

大学生

养成教育特色案例

常翠鸣　编著

山东·青岛

图书在版编目（CIP）数据

大学生养成教育特色案例 / 常翠鸣编著. — 青岛：
中国石油大学出版社，2025. 6. — ISBN 978-7-5636
-8673-5

Ⅰ. G645.5

中国国家版本馆 CIP 数据核字第 2025HN8397 号

书　　　名：**大学生养成教育特色案例**
DAXUESHENG YANGCHENG JIAOYU TESE ANLI

编　著　者：常翠鸣

....

责任编辑：郜云飞（电话　0532-86983572）
封面设计：海讯科技

....

出　版　者：中国石油大学出版社
　　　　　　（地址：山东省青岛市黄岛区长江西路 66 号　邮编：266580）
网　　　址：http://cbs.upc.edu.cn
电子邮箱：gyf1935@163.com
排　版　者：济南海讯图文有限公司
印　刷　者：泰安市成辉印刷有限公司
发　行　者：中国石油大学出版社（电话　0532-86983437）
开　　　本：787 mm × 1 092 mm　1/16
印　　　张：11.5
字　　　数：198 千字
版　印　次：2025 年 6 月第 1 版　2025 年 6 月第 1 次印刷
书　　　号：ISBN 978-7-5636-8673-5
定　　　价：38.00 元

前言

此书编撰之时，正值 2025 年开年，恰逢中共中央、国务院印发《教育强国建设规划纲要（2024—2035 年）》。

这意味着什么？意味着此书"生逢其时"。

习近平总书记指出："我们要建成的教育强国，是中国特色社会主义教育强国，应当具有强大的思政引领力、人才竞争力、科技支撑力、民生保障力、社会协同力、国际影响力，为以中国式现代化全面推进强国建设、民族复兴伟业提供有力支撑。"

思政引领力排在"六力"之首。先觉者明，先行者立。齐鲁理工学院实施的养成教育正是在高质量党建和大思政育人模式引领下，焕发出强大的生命力。

何以立德树人？何以培根固本？为了解答"中国教育之问"，多年来，齐鲁理工学院积极探寻高等教育的大智慧，把准高等教育的时代脉搏，洞察人才成长规律，精准作出顶层设计——明确学校"高质量党建引领高质量发展"方向；创新"党建领航、文化涵育、实践塑品"的大思政育人模式；创造性提出"齐鲁文化孕育下的理工生"育人理念；实施"九个一"育人工程，其中的"一养成"就是养成教育。

宏大的"一体化"设计，以高质量党建挑"大梁"，以齐鲁文化特色夯"地基"，以创新驱动为"引擎"，形成合力，让养成教育这个老生常谈的主题更有深度，更有层次，更有特色，更加全面。可以说，齐鲁理工学院对养成教育的建构与探索独树一帜。

2015 年，齐鲁理工学院在全校推行养成教育。养成教育作为一种独特而深远的教育方式，其核心目标在于建构以"德育为先、能力为本、素质为要、文化为根"的全环境育人体系。依托地域优势，学校将齐鲁文化特色与养成教育无缝对接，把文化化虚为实、把经典化繁为简、把育人化难为易、把修养化外为内，做到了"五融合"——齐鲁文化融入德、智、体、美、劳教育，达到了"四无"——校园空间无处不有、育人过程无时不在、育人内容无所不包、方式方法无孔不入。

2022 年，学校下发了《深入推进大学生养成教育工程实施方案》，养成教育正式确定了五模块、二十项规范，在内容上紧紧围绕适应学生未来发展需求，将"五模块"设置为信念、品德、性格、学业、行为。每个模块又包含四项规范，共二十项规范：信念模块为爱党爱国、敬业负责、诚实守信、友善乐群，品德模块为尊重自重、感恩守义、助人为乐、勤俭节约，性格模块为阳光乐观、大度执着、坚毅果敢、认真严谨，学业模块为勤奋好学、善于思考、知行合一、阅读经典，行为模块为自省自律、文明礼貌、整洁健康、体育锻炼。

这样的"四梁八柱"建构起养成教育稳固的"硬支撑"。养成教育的前进方向更明确，发展布局更科学，实施举措更有效。站在时代的新起点上，齐鲁理工学院在关键处精准"落子"——

完善"四级"组织机构：学校养成教育工作领导小组，学团工作处养成教育中心，各教学单位养成教育工作组，各教学单位学生养成教育自治组织。

成立大学生养成教育研究会，加强养成教育的理论研究工作，指导学校养成教育工作的开展。

成立大学生养成教育教研室，自编《大学生养成教育》教材，开设大学生养成教育课程，设置大学生养成教育学分。

印制下发《齐鲁理工学院养成教育行为记录表》，便于学生记录成长轨迹和感悟。

这些措施层层推进，环环相扣，对实施养成教育的意义不言而喻。

养成教育并非一蹴而就，更不能眉毛胡子一把抓，本着近一点、小一点、实一点的原则，学校将养成教育纳入第二课堂和专业人才培养方案，全校各专业学生均实施养成教育，达到养成教育考核标准的，获得第二课堂学分。同时，学校将养成教育考核成绩作为学生综合素质测评的重要组成部分，以及各类评优评先的重要参考。课程上的一处小变化，反映着学校在教育事业发展及探索中的大用心和大进步。

纵向打通、横向结合，是学校养成教育推进的一大创新模式。学校提倡学生公开自己所选的好习惯项目，打破专业壁垒，相同项目的学生组成团队，相互学习交流监督，形成团队的力量；学校和学院组织多层面多种形式的养成教育活动，强化学生的养成项目；选树养成教育典型，进行奖励和宣传，营造浓厚的养成教育氛围；养成教育假期"六行动"（学史爱国、阅读经典、社会调研、磨炼品行、劳动体验、学习计划），更是将养成教育从校园拓展到校外，让学生们在广阔的天地间大有作为。

养成教育，先养后成，谁做谁得。每年，齐鲁理工学院都有学生在养成教育中出类拔萃，获得校长专项奖学金。

学生们从"打卡"到"体验"，自选好习惯项目，并和自己定下一份"契约"，每天记录、反思、体悟。这种日复一日的坚持，逐渐唤醒了学生内心的自觉，内化于心、外化于行。

《大学生养成教育特色案例》一书，正是通过学生的成长记录、成长感悟和成长故事，向读者展示齐鲁理工学院养成教育的成果。文字是黑白的，事例是鲜活的，人生是多彩的，正像学生刘家源记录的那样："一个人使劲踮起脚尖靠近太阳的时候，全世界都挡不住他的光芒。"

学生们携稚嫩而来，载成长而归。从他律到自律，从自律到自觉，从一个接受者到一个传播者，一天一点的进步，是养成教育浸润下的人生意义，是培养德智体美劳全面发展的社会主义建设者和接班人的必经之路。

这，正是齐鲁理工学院实施养成教育的意义。

此书成稿之时，是 2025 年春天。

就在这个春天，习近平总书记指出："新时代新征程，必须深刻把握中国式现代化对教育、科技、人才的需求，强化教育对科技和人才的支撑作用，进一步形成人才辈出、人尽其才、才尽其用的生动局面。"齐鲁理工学院养成教育，是支撑中的支撑，是基础中的基础，齐鲁理工人正以"功成不必在我"的精神境界和"功成必定有我"的教育担当，为推进中国式现代化注入磅礴力量。

常翠鸣

2025 年 4 月 10 日

目 录

第三部分　成长故事　/ 125 /

第一部分
成长记录

齐鲁理工学院
养成教育成长手册（一）

个 人 情 况					
姓名	李奥阳	性别	女	籍贯	山东省济宁市
曾用名		民族	汉	政治面貌	共青团员
出生年月	2004.7.4	学院	教育学院	年级	2023级
专业	学前教育专业	身份证号码			
手机号码		QQ			
微信		E-mail			
家庭住址	山东省……观音阁街道绿地二期				
自选好习惯项目	爱党爱国、阅读经典				

2023 — 2024 学年 第 二 学期养成教育计划

　　通过养成教育主题班会教育，我深刻认识到养成教育对个人成长的重大意义。它是实现立德树人根本任务、推动素质教育深入开展的关键路径，也是我校独特育人理念的生动体现。养成教育的实施真正做到了以学生为中心。让我们通过养成良好习惯来提升自身综合素质，为未来的人生道路奠定坚实基础。我们无疑是其中最大的受益者，这便是养成教育的核心价值所在。

　　在遵循"合格＋特长"原则的基础上，本学期我自主选择爱党爱国和阅读经典这两个好习惯项目重点养成。选择爱党爱国，是因为这是我们每个人应有的情怀和担当，是我们当前行动的时尚；选择阅读经典，特别是教育

（养成教育计划附页）

类读物，是因为作为教育专业的学生，这能帮助我提升专业素养，更好地理解教育的本质和内涵。我深知这两个好习惯项目对于我的专业发展和个人成长至关重要，它们将塑造我的价值观和知识体系。

本学期针对学前教育专业课程，我制订了以下关于好习惯项目的实施计划。在声乐方面，我会每周安排固定时间进行练习，积极参加声乐合唱团，不断提高演唱技巧和基本功；在舞蹈方面，我会坚持进行基本功训练，提升舞蹈素养和节奏感。我将严格执行这些计划，认真实践相关行动要求，努力在养成教育中成为先进典型，为成为优秀的学前教育工作者而努力奋斗。

齐鲁理工学院

养成教育行为记录表

学院	教育学院	专业	学前教育
姓名	李奥阳	学号	23214204010109
自选好习惯	阅读经典		

行为养成记录	
时间	2024 年 3 月 18日
行为记录	1.精读《给教师的建议》第5章"怎样使学生注意力集中",标注关键建议。 2.结合自身家教经历,撰写案例分析:如何用"思维情境创设"提升学生兴趣?
总结反思	苏霍姆林斯基的理论直击教学痛点,但部分方法需要本土化的调整。下次可以尝试设计一堂注意力训练课,实践书中的建议。 　　意识到自己常陷入"能力固化"的误区,需要重视练习过程性评价。

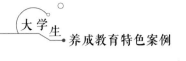

齐鲁理工学院

养成教育行为记录表

学院	教育学院	专业	学前教育
姓名	李奥阳	学号	23242040109
自选好习惯	爱党爱国		

行 为 养 成 记 录

时间	2024 年 3 月 19日
行为记录	1. 早餐时收听《新闻联播》的音频版本。 2. 在学习强国app上完成每日答题。 3. 主动参加学校组织的党史知识竞赛。
总结反思	今天通过碎片时间完成了政治理论学习,但发现对某些时政术语理解不够深入,明天要准备笔记本随时记录专业词汇。 深入了解中国共产党的历史,理解"没有共产党就没有新中国"的内涵。

齐鲁理工学院

养成教育行为记录表

学院	教育学院	专业	学前教育
姓名	李奥阳	学号	23214204019
自选好习惯	阅读经典		
行 为 养 成 记 录			
时间	2024 年 3 月 20 日		
行为记录	1.阅读《论语·学而篇》并完成思维导图,整理"仁之本"的核心观点。 2.结合当下社会现象,撰写30字短文《论语中的"交友之道"对现代人际关系的启示》。		
总结反思	《论语》中透露着孔子对社会人生的思考,蕴含着深刻的人生哲理。通过《论语》了解到孔子的生平事迹,收获人生哲理。《论语》不是用来背诵的教条,而是修身的一面镜子。真正的经典阅读,必然伴随着对自我的审视与革新。		

齐鲁理工学院

养成教育行为记录表

学院	教育学院	专业	学前教育
姓名	李奥阳	学号	2321420401D9
自选好习惯		爱党爱国	

行 为 养 成 记 录

时间	2024 年 3 月 21日
行为记录	1.学习党史书籍《中国共产党简史》,记录重要事件和感悟。 2.参加线上党史知识问答,检验学习成果,整理错题集。
总结反思	通过持续学习党史,我对党的发展历程有了更清晰的认识,深刻理解党在不同时期的艰难抉择和伟大贡献。但学习时间安排有点不够稳定。 要深入思考历史事件背后的意义,将党史更好地运用到生活中。

齐鲁理工学院
养成教育行为记录表

学院	教育学院	专业	学前教育
姓名	李奥阳	学号	23214204010109
自选好习惯	阅读经典		

行 为 养 成 记 录

时间	2024 年 3 月 22 日
行为记录	1.精读《教育心理学》第5章"学习动机",整理马斯洛需求层次理论在教育中的应用。 2.设计一份简单的课堂问卷,调查同学的学习动机类型(内在/外在)
总结反思	本次阅读让我更清晰地理解了学习动机的复杂性.书中提到的"归因理论"让我反思自己过去考试失败时的归因方式:往往归咎于能力而非努力.这种固定型思维模式限制了进步.

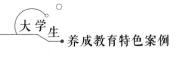

齐鲁理工学院
养成教育行为记录表

学院	教育学院	专业	学前教育
姓名	李奥阳	学号	2321420601O9
自选好习惯	爱党爱国、		

<table>
<tr><td colspan="2" align="center">行 为 养 成 记 录</td></tr>
<tr><td>时间</td><td>2024 年 3 月 23日</td></tr>
<tr><td>行为
记录</td><td>1.早起之后利用30分钟浏览权威新闻网站,如:新华网,人民网,了解国内外的时事。

2.撰写一篇时事评价文章,分析其影响。</td></tr>
<tr><td>总结
反思</td><td>关注时事让我拓宽视野,了解国家发展动态和国际形势。但讨论时事时,有时会过于主观,缺乏全面分析。

以后要多角度思考问题,学习专业分析方法,提升思考深度。</td></tr>
</table>

齐鲁理工学院
养成教育行为记录表

学院	教育学院	专业	学前教育
姓名	李奥阳	学号	2321420401109
自选好习惯	阅读经典		

行 为 养 成 记 录

时间	2024 年 3 月 24 日
行为记录	1. 阅读《小王子》并标注，做好读后的摘抄与反思。 2. 摘抄：生活才不是生命荒唐的编号，生活的意义在于生活本身。
总结反思	我们不可能永远停留在童年，但我们可以始终保留着一颗纯真的心，尽情地去享受生活的馈赠。不论你现在是多大年龄，时刻拥有一份美好的心情。

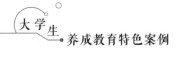

齐鲁理工学院

养成教育行为记录表

学院	教育学院	专业	学前教育
姓名	李奥阳	学号	232142040109
自选好习惯	爱党爱国、		

行 为 养 成 记 录			
时间	2024 年 3 月25日		

行为记录	1.出行优先选择步行、骑自行车或乘坐公共交通工具。 2.进行垃圾分类,严格按照可回收物、有害垃圾、厨余垃圾分类投放。
总结反思	践行环保行动,让我也成为祖国的可持续发展出分力。然而在推行环保生活时,会遇到一些不便和不理解。 我要坚定信念,用实际行动感染他人,同时积极参与环保活动,让更多意识到环保的重要性。

齐鲁理工学院
养成教育行为记录表

学院	教育学院	专业	学前教育
姓名	李奥阳	学号	2321420401009
自选好习惯		阅读经典	

行 为 养 成 记 录

时间	2024 年 3 月 26 日
行为记录	1. 阅读《爱弥儿》第一卷"自然教育"部分，对比现代蒙台梭利教育的异同。 2. 记录卢梭关于"消极教育"的论述，反思当前早教机构的过度干预现象。
总结反思	卢梭的"消极教育"理念给我带来强烈冲击。在对比当下早教市场时发现，许多机构打着"开发智能"的旗号，实际上却用标准化课程剥夺了儿童探索的自由。教育者应当像园丁一样，给儿童提供适宜的环境，但不过度修剪。

齐鲁理工学院
养成教育行为记录表

学院	教育学院	专业	学前教育
姓名	李奥阳	学号	2321420401109
自选好习惯		爱党爱国	

行 为 养 成 记 录	
时间	2024 年 3 月27日
行为记录	1、学习红色经典歌曲,如《义勇军进行曲》《东方红》等。 2、收集家乡的红色故事,整理成册,传承红色基因。
总结反思	在传承红色文化过程中,我深深体会到其强大的精神力量。但在收集红色故事时,渠道有限,内容不够丰富。 后续要拓宽收集途径,创新讲述方式,更生动地走进大众生活。

齐鲁理工学院
养成教育行为记录表

学院	教育学院	专业	学前教育
姓名	李奥阳	学号	2321420401 09
自选好习惯	阅读经典		

<table>
<tr><td colspan="2" align="center">行 为 养 成 记 录</td></tr>
<tr><td>时间</td><td>2024 年 3 月 28 日</td></tr>
<tr><td>行为记录</td><td>1.学习"教育即生长"章节,整理杜威对传统教育的三大批判.

2.观看TED演讲《项目式学习》分析书中"做中学"理论的现代应用.</td></tr>
<tr><td>总结反思</td><td>　　杜威的理论重构了我对教育的固有认知.分析发现大多数学校仍保持"先理论后实践"的线性模式,而这正是杜威批判的"准备说"残余.

　　真正的教育应该像学习游泳一样,必须在水中才能学会.</td></tr>
</table>

齐鲁理工学院
养成教育行为记录表

学院	教育学院	专业	学前教育
姓名	李奥阳	学号	23214204010g
自选好习惯	爱党爱国.		

行 为 养 成 记 录

时间	2024 年 3 月 29 日
行为记录	1.制订详细的学习计划，合理分配时间给各个学科。 2.遇到学习困难不退缩，主动向老师和同学请教。
总结反思	努力学习让我不断进步，为将来报效祖国奠定基础。但学习方法有时不够高效，准备不充分。 后续要优化学习方法、提前规划、提高学习效果和成绩。

齐鲁理工学院

养成教育行为记录表

学院	教育学院	专业	学前教育
姓名	李奥阳	学号	23242040109
自选好习惯		阅读经典	

行 为 养 成 记 录

时间	2024 年 3 月 30 日
行为记录	1.研读《《静悄悄的革命》"倾听比发言更重要"章节,记录互动频次。 2、实践"三人小组"学习模式在读书中且在"倾听者"角色并记录。
总结反思	通过课堂录音分析,我发现自己在30分钟讲话中插话12次,而最长的学生发言仅47秒,这完全背离佐藤学"倾听比发言更重要"的核心主张。 　　教育的真谛在于培育多少思考而不在于传递多少知识。

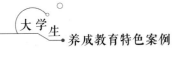
齐鲁理工学院
养成教育行为记录表

学院	教育学院	专业	学前教育
姓名	李奥阳	学号	23214204010g
自选好习惯	爱党爱国		

行 为 养 成 记 录

时间	2024 年 3 月 31 日
行为记录	人参加一次社区志愿服务活动。 2.报名成为志愿者,提供保障服务。 3.参与湖泊清理活动。
总结反思	参与志愿服务活动让我体会到奉献的快乐,把将爱国精神落实到实际行动中去。 我要积极参与组织工作,提出合理建议,提高志愿服务质量。

齐鲁理工学院
养成教育行为记录表

学院	教育学院	专业	学前教育
姓名	李奕阳	学号	23214204010109
自选好习惯	阅读经典		

行 为 养 成 记 录

时间	2024 年 4 月 1 日
行为记录	1. 阅读《你其实不懂儿童心理学》并做笔记和标注。 2. 摘抄: 在孩子的成长过程中, 平等对待是第一要务, 甚至远超过性格的养成。
总结反思	作为教师, 我们需要善于发现每一个孩子的闪光点, 并且给予他们充分的肯定和鼓励, 了解孩子们的需求, 帮助他们解决遇到的困难。

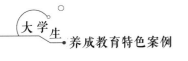

齐鲁理工学院
养成教育行为记录表

学院	教育学院	专业	学前教育
姓名	李奥阳	学号	2324204010g
自选好习惯	爱党爱国		

<table>
<tr><td colspan="2" align="center">行 为 养 成 记 录</td></tr>
<tr><td>时间</td><td>2024 年 4 月 2 日</td></tr>
<tr><td>行为
记录</td><td>1.学习中国传统书法.练习一小时.创作书法作品。

2.利用短视频平台发布介绍诗词的视频.讲解其内涵。</td></tr>
<tr><td>总结
反思</td><td>传播传统文化让我对民族现实有了更深的热爱。但在创作时.形式不够吸引人。

以后要学习更多新媒体技巧.丰富内容呈现方式.让传统文化得到更好的传播.</td></tr>
</table>

齐鲁理工学院
养成教育行为记录表

学院	教育学院	专业	学前教育
姓名	李奥】日	学号	2321420140109
自选好习惯	阅读经典		
行 为 养 成 记 录			
时间	2024 年 4 月 3 日		
行为记录	1. 阅读《月亮与六便士》。 2. 摘抄：满地都是六便士，他却抬头看见了月亮。他不理睬六便士，却伸手寻找触碰月光。		
总结反思	人性的复杂造就了每个人行为的差异，是是非非，对或错取决于分析的角度与标准，也是外界的一种判定。在人生最后阶段燃烧自己，看到们自己的月亮，令人尊敬。		

齐鲁理工学院
养成教育行为记录表

学院	教育学院	专业	学前教育
姓名	李奥日	学号	23214204〇1〇9
自选好习惯		爱党爱国	

行 为 养 成 记 录	
时间	2024 年 4 月 4 日
行为记录	1、参加国家安全教育讲座，学习安全相关法律法规。 2、参与学校组织的国家安全教育内容，发放宣传资料。
总结反思	国家安全是国家生存发展的重要保障。在宣传过程中，我发现很多人对国家安全的概念理解较狭隘。 　　我会进一步学习，用通俗易懂的方式宣传国家安全意识。

齐鲁理工学院

养成教育行为记录表

学院	教育学院	专业	学前教育
姓名	李奥阳	学号	232142040109
自选好习惯	阅读经典		

行 为 养 成 记 录

时间	2024 年 4 月 5 日
行为记录	1.阅读《《儿童的一百种语言》》,仿照瑞吉欧案例,设计"亲子探索"儿童的活动方案。 2.收集废旧材料制作"表达工具箱",在社区儿童中心试用。
总结反思	作为幼儿教育者,我们需完成瑞吉欧教育体系认证培训,建立了各年龄段的"表达发展追踪档案"。 当我们学会用儿童的眼睛看世界时,才会发现每颗露珠里都有一条银河。

齐鲁理工学院
养成教育行为记录表

学院	教育学院	专业	学前教育
姓名	李奥阳	学号	23214204O109
自选好习惯		爱党爱国	

行 为 养 成 记 录		
时间	2024 年 4 月 6 日	
行为记录	1. 报名参加传统剪纸艺术培训班，每周学习一次。 2. 在学校活动中展示自己学习的剪纸遗技艺，向同学传递简单技法。	
总结反思	传承非遗技艺是对国家文化的守护。 在学习的过程当中，我发现一些非遗技艺学习的难度较大，需要花费更多时间和精力。 我会坚持不懈，让其传承下去。	

齐鲁理工学院
养成教育行为记录表

学院	教育学院	专业	学前教育
姓名	李奥阳	学号	232142040109
自选好习惯	阅读经典		

行 为 养 成 记 录

时间	2024 年 4 月 7 日
行为记录	1. 阅读《为未知而教，为未来而学》。 2. 用全局性理解框架重构"教育学原理"课程大纲。 3. 发起"问题链设计"实践。
总结反思	在人工智能时代重审"什么知识值得学"，我进行了系列教育实验，用"未来三棱镜"框架重构课程，删除过时内容，推行众筹模式。 　真正的教育视为已知的断，培养继承者，而是培养开创者。

齐鲁理工学院
养成教育行为记录表

学院	李奥教育学院	专业	学前教育
姓名	李奥阳	学号	232142040109
自选好习惯		爱党爱国	

<table>
<tr><td colspan="2" align="center">行 为 养 成 记 录</td></tr>
<tr><td>时间</td><td>2024 年 4 月 16 日</td></tr>
<tr><td>行为
记录</td><td>1.帮助同学做一件力所能及的事。

2.与同学们友好相处，发生矛盾时能主动进行和解。</td></tr>
<tr><td>总结
反思</td><td>弘扬传统美德能营造和谐社会氛围。在与同学相处中，有时会因为工作压力产生负面的对情绪，影响与他人之间的关系。

我要学会更好地管理情绪，用美德规范自己的言行。</td></tr>
</table>

齐鲁理工学院
养成教育行为记录表

学院	教育学院	专业	学前教育
姓名	李奥阳	学号	Z32142040109
自选好习惯	阅读经典		

行 为 养 成 记 录

时间	2024 年 4 月 21 日
行为记录	1.利用碎片时间,用有声书软件听《平凡的世界》,感受陕北农村的生活百态。 2.晚上对照纸质书重读《平凡的世界》,圈画出精彩的描写段落。
总结反思	通过多形式阅读,我全面深入地理解了这部经典。但我在听书时易受外界干扰而走神。 后续我会选择更安静的环境听书,同时合理安排时间,以更专注的状态阅读经典。

齐鲁理工学院
养成教育行为记录表

学院	教育学院	专业	学前教育
姓名	李奥阳	学号	2321420401019
自选好习惯	爱党爱国		

行 为 养 成 记 录

时间	2024 年 5 月 12 日
行为记录	1.浏览科技新闻网站,关注国家在航天等领域取得的科技成果。 2.观看一次科技类科普视频,了解创新成果的应用。
总结反思	关注科技创新成果让我看到国家的强大实力。 但对于一些前沿科技原理理解困难,我会阅读科普书籍,参加线上的科技论坛。

齐鲁理工学院
养成教育行为记录表

学院	教育学院	专业	学前教育
姓名	李奥阳	学号	23214204010?
自选好习惯	阅读经典		

行 为 养 成 记 录

时间	2024 年 5月19日
行为记录	1、阅读《自卑与超越》。 2、结合书中"早期记忆"理论,分析自身教育经历的潜在影响。 3、对比当前主流,制作对比表。
总结反思	通过深度剖析教育叙事,我发现"自卑情结"存在代际专递,如总在修改作业首字的学生,多来自高控制型家庭。 　　教育的最高使命不是消除自卑,而是点燃"对超越性生命的健康追求"——那种推动人类文明前进的永恒动力。

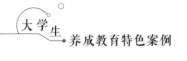

齐鲁理工学院
养成教育行为记录表

学院	教育学院	专业	学前教育
姓名	李奥阳	学号	23214204010 9
自选好习惯	爱党爱国		

行 为 养 成 记 录

时间	2024 年 5 月 26 日
行为记录	1.学习普通话发音知识，纠正自己的方言口音。 2.阅读一篇经典文学作品，录制音频，提升语言表达能力。
总结反思	学好国家通用语言文字有助于交流和文化传承。 学习过程中，一些生僻字的发音和词汇运用难掌握，我会建立学习笔记，加强对易错内容的学习巩固。

齐鲁理工学院

养成教育行为记录表

学院	教育学院	专业	学前教育
姓名	李奥月	学号	2321420400109
自选好习惯	阅读经典		

行 为 养 成 记 录

时间	2024 年 6 月 8 日
行为记录	1.阅读《简·爱》,记录其中追求平等和自由的精彩情节。 2.写一篇关于女性独立意识的论文作为自己的读书成果总结。
总结反思	阅读《简·爱》让我对女性的价值和追求有了新思考,线上讨论碰撞出很多思想火花。 但在总结过程中,我发现自己会随波逐流,缺乏独特见解。以后我会进行更深入的思考。

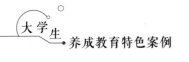

齐鲁理工学院
养成教育行为记录表

学院	教育学院	专业	学前教育
姓名	李奥阳	学号	23242040109
自选好习惯	爱党爱国		

行 为 养 成 记 录

时间	2024 年 6 月 16 日
行为记录	1.遵守交通规则，过马路走人行横道，不闯红灯。 2.文明驾驶私家车，不随意变道、加塞，按规定使用灯光。
总结反思	文明出行不仅保障自身安全，还展现了良好的社会风貌。 有时着急走路，会有一些急躁情绪，我要时刻提醒自己保持平和心态，将文明出行的习惯内化于心。

齐鲁理工学院
养成教育行为记录表

学院	教育学院	专业	学前教育
姓名	李奥阳	学号	23214204010q
自选好习惯	阅读经典		

行 为 养 成 记 录

时间	2024 年 6 月 23 日
行为记录	1. 阅读《正面管教》,画出书中有效管教孩子的方法和理念 2. 选取书中方法,如"积极暂停",在与孩子相处中记录实践效果
总结反思	通过阅读和实践,我学会了用科学的方法教育孩子,亲子关系也有所改善。 但在实践的过程中有时会忘记方法和要点,还需不断提程自己,并且要根据孩子的特点灵活地调整教育的方法

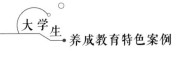

齐鲁理工学院
养成教育行为记录表

学院	教育学院	专业	学前教育
姓名	李奥阳	学号	23214204010g
自选好习惯		爱国爱党	

行为养成记录	
时间	2024 年 6 月 30 日
行为记录	1.制作国防教育宣传海报,如国防的重要性等。 2.参与学校组织的国防教育讲座,作为志愿者协助组织。
总结反思	参与国防教育宣传让我深刻认识到国防对于我们国家的重要性。 在宣传过程中,我发现自己对一些军事专业知识掌握得不够准确,需要进一步学习。

齐鲁理工学院
养成教育行为记录表

学院	教育学院	专业	学前教育
姓名	李奥阳	学号	232142040109
自选好习惯		爱国爱党	

行 为 养 成 记 录

时间	2024 年 7 月 1 日
行为记录	1、上课或外出时,随身携带垃圾袋,将垃圾放入垃圾桶。 2、周末参加学校组织的环境卫生清理活动。
总结反思	公共环境是国家形象的一部分,爱护环境是我们每一个人的责任。 　　在劝阻他人不文明行为时,有时会遭遇抵触,我应该注意沟通方式,用更加友善和耐心的态度引导他人爱护环境。

齐鲁理工学院
养成教育行为记录表

学院	教育学院	专业	学前教育
姓名	李奥日	学号	23214204009
自选好习惯	阅读经典		

行 为 养 成 记 录

时间	2024 年 7 月 7 日		
行为记录	1.阅读《自驱型成长》,理解培养孩子内在驱动力的重要性和方法。 2.根据书中的建议,为孩子创造自主决策的机会,观察孩子的决策。		
总结反思	阅读这本书让我明白要给予孩子一定的自主权,以激发他们的内在驱动力。 在实施过程中,我发现孩子有时会因为经验不足做出不太合理的决策,要适当地给予引导和建议。		

齐鲁理工学院

2023—2024 学年第二学期大学生养成教育期末测评表

考核项目	考核指标	自我评分 占 30%	测评小组评分 占 20%	辅导员评分 占 50%	得分
信念 （20分）	爱党爱国（5分）	6	4	10	20
	敬业负责（5分）				
	诚实守信（5分）				
	友善乐群（5分）				
品德 （20分）	敬重自重（5分）	6	4	10	20
	感恩守义（5分）				
	助人为乐（5分）				
	勤俭节约（5分）				
性格 （20分）	阳光乐观（5分）	6	4	9	19
	大度执着（5分）				
	坚毅果敢（5分）				
	认真严谨（5分）				
学业 （20分）	勤奋好学（5分）	6	4	9	19
	善于思考（5分）				
	知行合一（5分）				
	阅读经典（5分）				
行为 （20分）	自省自律（5分）	6	4	10	20
	文明礼貌（5分）				
	整洁健康（5分）				
	体育锻炼（5分）				
总分		98			
辅导员意见		辅导员签字：			
院系意见		负责人：			

齐鲁理工学院
养成教育成长手册（二）

个 人 情 况

姓名	张茜	性别	女	籍贯	山东平邑
曾用名	无	民族	汉族	政治面貌	群众
出生年月	2005.11	学院	生化学院	年级	2023级
专业	食品生物技术	身份证号码			
手机号码		QQ			
微信		E-mail			
家庭住址	山东省临沂市平邑县地方镇归后庄村				
自选好习惯项目	勤奋好学．勤俭节约				

2024—2025 学年 第 二 学期养成教育计划

　　青春，如诗如画，是人生中最璀璨的时光。大学，则是青春画卷中最为浓墨重彩的一笔。它是知识的殿堂，更是成长的摇篮。而养成教育，犹如一盏明灯，照亮我们在大学之路上前行的方向。

　　"天行健，君子以自强不息。"在养成教育的旅程中，我们需要拥有这种自强不息的精神。大学的生活丰富多彩，却也充满挑战。然而，正是这些挑战，让我们不断成长和进步。当我们面对困难时不畏惧，不退缩，勇敢地迎接挑战，努力克服

（养成教育计划附页）

困难，我们便在养成教育的道路上迈出了坚实的一步。

养成教育，是品德的塑造。"地势坤，君子以厚德载物。"我们要培养自己的品德修养，做一个有道德、有责任感的人。

"不积跬步，无以至千里；不积小流，无以成江海。"养成教育是一个长期的过程，需要我们持之以恒地努力。在这个过程中，我们不能急于求成，要一步一个脚印地前进。每天进步一点，就是巨大的成就。

"宝剑锋从磨砺出，梅花香自苦寒来。"成长的道路从来不是一帆风顺的，养成教育的过程也充满了艰辛。但正是这些困难和挫折，让我们变得更加坚强和勇敢。让我们以积极的心态面对挑战，用坚定的信念和顽强的毅力克服困难。

让我们一起在养成教育的道路上努力前行，用青春的汗水和智慧，书写属于我们的辉煌篇章。

齐鲁理工学院
养成教育行为记录表

学院	生化学院	专业	食品生物技术
姓名	张茜	学号	23109206C217
自选好习惯	勤奋好学 勤俭节约		

行 为 养 成 记 录

时间	2024 年 9 月 9 日
行为记录	课堂上认真听讲,积极回答问题,不放过任何知识疑点,主动请教。随手关灯,离开房间时确保电器设备关闭,减少不必要的消耗。
总结反思	收获了知识的宝藏,也在不断成长和进步。也意识到了每一度电,每一滴水都来之不易,从而更加小心地使用。

齐鲁理工学院
养成教育行为记录表

学院	生化学院	专业	食品生物技术
姓名	张茜	学号	23109206021217
自选好习惯	勤奋好学.勤俭节约.		

行 为 养 成 记 录

时间	2024 年 9 月 10 日
行为记录	认真做好每一门课程的笔记,字迹工整,内容详细,方便复习。刷牙时关闭水龙头,避免水资源的浪费,并且合理控制用水量。
总结反思	通过学习,我们对各个学科有了更深入的理解,拓宽了视野。勤俭节约培养了我们的自律和规划能力。

齐鲁理工学院
养成教育行为记录表

学院	生化学院	专业	食品生物技术
姓名	张茜	学号	23109206027
自选好习惯			勤奋好学 勤俭节约

行 为 养 成 记 录			
时间		2024 年 9 月 11 日	
行为记录		提前到达教室,认真做好课前准备,包括预习课程内容等。吃饭时做到光盘行动,不挑食,不浪费食物。	
总结反思		勤奋好学培养了我坚韧不拔的毅力,面对困难挑战不轻易放弃。践行勤俭节约,可以塑造我们自律、节制的品质。	

齐鲁理工学院
养成教育行为记录表

学院	生化学院	专业	食品生物技术
姓名	张茜	学号	23092060217
自选好习惯	勤奋好学,勤俭节约		

行 为 养 成 记 录

时间	2024年9月12日
行为记录	制订详细的学习计划,合理安排时间,确保每个学科都能被充分地学习。制定每日的消费预算,严格控制支出,避免不必要的消费。
总结反思	勤奋好学促使我不断探索新的学习方法和途径,通过各种学习方式提高学习效果。节约有助于提升个人的道德修养。

齐鲁理工学院
养成教育行为记录表

学院	生化学院	专业	食品生物技术
姓名	张茜	学号	23109206217
自选好习惯	勤奋好学、勤俭节约		

行 为 养 成 记 录

时间	2024年 9 月 13日
行为记录	积极参加各种学科竞赛和实践项目,将所学知识应用到实际,提高自己的实践能力和创新能力。 旧衣物整理好捐赠给有需要的人,或进行改造再利用。
总结反思	积累了更多的知识,更好地理解世界,提升自己的认知水平。 提升个人修养,培养正确的价值观。

齐鲁理工学院
养成教育行为记录表

学院	生化学院	专业	食品生物技术
姓名	张茜	学号	23109206 0217
自选好习惯	勤奋好学. 勤俭节约		

行 为 养 成 记 录

时间	2024 年 9 月 14 日
行为记录	与志同道合的人组成学习小组,互相促进.共同进步。 外出就餐时自备餐具,减少一次性餐具的使用。
总结反思	学习可以锻炼我们的思维能力.能够分析.面对各种问题。 让我们更加珍惜劳动成果.懂得感恩和尊重他人的付出。

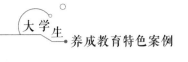

齐鲁理工学院
养成教育行为记录表

学院	生化学院	专业	食品生物技术
姓名	张茜	学号	23092060217
自选好习惯	勤奋好学、勤俭节约		

行 为 养 成 记 录

时间	2024年 9月15日
行为记录	保持对学习的好奇心和热情，不断挑战自我。将旧衣物进行改造，制作成抹布、环保袋等。
总结反思	提高了专业技能和逻辑思维能力。节约开支帮助我们积累了财富，减少了不必要的消费。

齐鲁理工学院
养成教育行为记录表

学院	生化学院	专业	食品生物技术
姓名	张茜	学号	23109206021기
自选好习惯	勤奋好学、勤俭节约		

<table>
<tr><td colspan="2" align="center">行 为 养 成 记 录</td></tr>
<tr><td>时间</td><td>2024年 9 月 16日</td></tr>
<tr><td>行为
记录</td><td>定期对所学知识进行复习和总结，梳理知识框架。
对旧家具进行翻新或重新布置，延长物品的使用寿命。</td></tr>
<tr><td>总结
反思</td><td>学习过程中的每一次进步和突破都给我带来了成就感。
推动了社会文明进步，让社会更加注重环境保护。</td></tr>
</table>

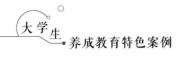

齐鲁理工学院
养成教育行为记录表

学院	生化学院	专业	食品生物技术
姓名	张茜	学号	23109206o217
自选好习惯	勤奋好学、勤俭节约		

行 为 养 成 记 录

时间	2024年 9月17日
行为记录	充分利用在线课堂、学习平台等网络资源，丰富学习内容。 适量点餐，不剩饭剩菜，如有剩余可打包带走。
总结反思	实现自我价值，让我感受到自己的成长和进步。 减少了资源浪费，降低了能源的消耗。

齐鲁理工学院
养成教育行为记录表

学院	生化学院	专业	食品生物技术
姓名	张茜	学号	23109206021了
自选好习惯			勤奋好学,勤俭节约

行 为 养 成 记 录

时间	2024年 9 月 18日
行为记录	积极参与小组讨论,与小组成员密切合作,共同完成学习任务。合理储存食物,防止食物因过期变质而被扔掉。
总结反思	通过持续的勤奋学习,在各个学科领域都积累了丰富的知识。勤俭节约让我们更加珍惜和合理利用资源,避免浪费。

齐鲁理工学院
养成教育行为记录表

学院	生化学院	专业	食品生物技术
姓名	张茜	学号	23109206 0217
自选好习惯	勤奋好学、勤俭节约		

行 为 养 成 记 录

时间	2024年 9 月 19 日
行为记录	认真对待每一项作业,按时、高质量地完成,保证作业书写工整、准确率高。 合理使用电子产品,注意充电时间和使用频率,以延长其使用寿命。
总结反思	养成了良好的学习习惯,提高了学习效率和质量。 勤俭节约培养了我们自律、节制和珍惜劳动成果的品质。

齐鲁理工学院
养成教育行为记录表

学院	生化学院	专业	食品生物技术
姓名	张茜	学号	23109206217
自选好习惯	勤奋好学，勤俭节约		

行 为 养 成 记 录

时间	2024年 9 月 20 日
行为记录	主动阅读相关的课外书籍和学习资料，拓宽自己的知识面。 购买商品时，会根据自己的实际需求进行选择，而不盲目跟风购买。
总结反思	广泛阅读课外书籍和资料，拓宽了视野，丰富了思维方式。 学会了理性消费，会对商品的质量、价格和性价比进行综合评估。

齐鲁理工学院
养成教育行为记录表

学院	生化学院	专业	食品生物技术
姓名	张茜	学号	23109206217
自选好习惯	勤奋好学 勤俭节约		

<table>
<tr><td colspan="2" align="center">行 为 养 成 记 录</td></tr>
<tr><td>时间</td><td>2024 年 9 月 21 日</td></tr>
<tr><td>行为
记录</td><td>对于作业中的错题,会认真分析原因,及时进行订正。
对于一些过度包装的商品,要谨慎选择。</td></tr>
<tr><td>总结
反思</td><td>培养了积极向上的学习态度,面对困难和挑战不退缩。
消费观念逐渐趋于理性,通过这种方式,节省了不少开支。</td></tr>
</table>

齐鲁理工学院
养成教育行为记录表

学院	生化学院	专业	食品生物技术
姓名	张茜	学号	23109206021
自选好习惯	勤奋好学 勤俭节约		

行 为 养 成 记 录

时间	2024年 9 月 22 日
行为记录	制订合理的学习计划,每天都会安排一定的时间进行自主学习。 对废旧的电池,电子产品也会进行分类回收,不随意丢弃到垃圾桶中。
总结反思	自主学习能力得到了极大的锻炼。能高效地吸收新知识。 积极开展废物利用与环保行动,为生活增添了乐趣。

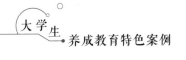

齐鲁理工学院
养成教育行为记录表

学院	生化学院	专业	食品生物技术
姓名	张茜	学号	23109206021?
自选好习惯		勤奋好学,勤俭节约	
行 为 养 成 记 录			
时间	2024年 9 月 23 日		
行为记录	将平时出现的错题整理到错题本上认真分析错误原因,总结教训。回收废旧报纸,让它们能得到循环利用,而不随意丢弃。		
总结反思	通过从不同角度思考问题,培养了批判性思维和创新思维。倡导身边的人勤俭节约,传播了这种理念营造了良好的环保氛围。		

齐鲁理工学院
养成教育行为记录表

学院	生化学院	专业	食品生物技术
姓名	张茜	学号	2310920602l7
自选好习惯	勤奋好学 勤俭节约		

行 为 养 成 记 录

时间	2024年 9 月 24日
行为记录	每天坚持晨读英语，练习发音和背诵单词、文章。 在食堂按需打饭，不浪费，总是把盘里的食物吃干净。
总结反思	过于勤奋而忽视了休息，导致效率降低，要注意劳逸结合。 勤俭节约意识较强，不再受社交场合的影响，增强自我坚持能力。

齐鲁理工学院
养成教育行为记录表

学院	生化学院	专业	食品生物技术
姓名	张茜	学号	23109206 0217
自选好习惯	勤奋好学，勤俭节约		

行 为 养 成 记 录

时间	2024年 9 月 25日
行为记录	上课坐在前排，积极回答问题，和老师互动，带动课堂气氛。 把用过的笔记本剩余的空白页重新装订成新本子使用。
总结反思	对感兴趣的课程投入过多的精力，应平衡发展。 自身践行节约的同时，应更积极地向周围同学宣传，形成良好氛围。

齐鲁理工学院
养成教育行为记录表

学院	生化学院	专业	食品生物技术
姓名	张茜	学号	23109206217
自选好习惯	勤奋好学.勤俭节约		

行 为 养 成 记 录

时间	2024年 9月26日
行为记录	上课认真做笔记.详细有条理。 购买东西前会深思熟虑.只买真正需要的物品.不被促销活动迷惑。
总结反思	不依赖死记硬背.对于复杂的专业知识.探索更够理解性的学习方法。 坚持节约行动.不松懈.应养成长期节约的习惯。

齐鲁理工学院
养成教育行为记录表

学院	生化学院	专业	食品生物技术
姓名	张茜	学号	23109206217
自选好习惯	勤奋好学.勤俭节约		
行 为 养 成 记 录			
时间	2024年 9月 27日		
行为记录	积极参加各类学科竞赛.花费大量时间准备.提升实践能力。 离开宿舍时随手关灯.减少电器待机时间.如拔掉充电器。		
总结反思	要提前规划.合理分配时间。进一步拓展节约思路.比如和同学更多地进行学习资源共享.减少重复购买。		

齐鲁理工学院
养成教育行为记录表

学院	生化学院	专业	食品生物技术
姓名	张茜	学号	23109206021
自选好习惯	勤奋好学 勤俭节约		

行 为 养 成 记 录

时间	2024年 9 月 28日
行为记录	利用自己的闲空时间,通过网络课程学习与专业相关的新技能。 短距离出行选择步行或骑自行车,减少乘坐公交或打车的费用。
总结反思	不局限于课本,更生动地拓展知识面,增加知识的积累。 可思考更多创新性的节约方法,让勤俭节约更有趣味和效果。

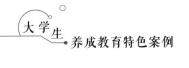

齐鲁理工学院
养成教育行为记录表

学院	生化学院	专业	食品生物技术
姓名	张茜	学号	23109206021?
自选好习惯	勤奋好学、勤俭节约		

行 为 养 成 记 录

时间	2024年 9 月 29日
行为记录	积极参加学习小组，和同学一起讨论课程难点。 和同学聚餐时会选择经济实惠的餐厅，不铺张浪费。
总结反思	不仅要勤奋学习，还要明确目标，要进一步明确每个阶段的学习目标。 在购物等消费方面虽有一定控制，但也要改进计划。

齐鲁理工学院
养成教育行为记录表

学院	生化学院	专业	食品生物技术
姓名	张蒨	学号	23109206 0217
自选好习惯	勤奋好学. 勤俭节约		

行 为 养 成 记 录

时间	2024 年 10 月 8 日
行为记录	上课前提前几分钟到达教室. 提前预习上课内容。 同学生日等特殊场合.亲手制作礼物.而不花钱购买昂贵礼品。
总结反思	课堂理论学习较多.要增加实践学习机会.巩固知识。 不随意购买多余物品.减少了浪费.内心有种自律的满足。

齐鲁理工学院
养成教育行为记录表

学院	生化学院	专业	食品生物技术
姓名	张茜	学号	23109206027
自选好习惯	勤奋好学 勤俭节约		
行 为 养 成 记 录			
时间	2024 年 10 月 16 日		
行为记录	课堂上积极回答老师的问题。课后认真完成老师布置的作业。洗漱时，用盆接水，避免长时间流水，用过的水可以冲厕所。		
总结反思	和老师、同学交流学习时，挖掘问题深度不够，需要更深入地探讨。节约用水时，意识到资源的珍贵，为自己的行动而感到欣慰。		

齐鲁理工学院

养成教育行为记录表

学院	生化学院	专业	食品生物技术
姓名	张茜	学号	23092060217
自选好习惯	勤奋好学 勤俭节约		

<table>
<tr><td colspan="2" align="center">行 为 养 成 记 录</td></tr>
<tr><td>时间</td><td>2024 年 10 月 24 日</td></tr>
<tr><td>行为记录</td><td>把每次的课后作业都当作考试认真对待, 遇难题时与同学深入探讨。
都会从学长学姐那里购买二手教材和书籍。</td></tr>
<tr><td>总结反思</td><td>学过的知识复习不及时就容易遗忘, 要制订定期的复习计划。
发现自己因为勤俭节约而有了一些小积蓄, 对未来多了一份安心。</td></tr>
</table>

齐鲁理工学院
养成教育行为记录表

学院	生化学院	专业	食品生物技术
姓名	张茜	学号	231092060217
自选好习惯	勤奋好学、勤俭节约		

行 为 养 成 记 录

时间	2024年 11 月 1 日
行为记录	去图书馆学习专业以外的有益知识，拓宽视野。 把用过的笔记本剩余的空白页重新装订成新本子使用。
总结反思	要明确目的，提高学习效率，应平衡学习各类课程。 珍惜文具纸张，书写的时候更能体会学习机会的来之不易。

齐鲁理工学院
养成教育行为记录表

学院	生化学院	专业	食品生物技术
姓名	张茜	学号	23109206217
自选好习惯	勤奋好学. 勤俭节约		

行 为 养 成 记 录

时间	2024年 11月 9日
行为记录	通过反复观看网课学习专业知识，制订详细的学习计划并严格执行。 自制生活用品，把废旧衣物自制成抹布、拖把等清洁用品。
总结反思	面对繁重的学习任务时，也需增强心理抗压能力，保持良好的学习心态。 在旧物利用上还有潜力，可探索更多旧物改造或合理处理的方式。

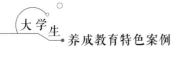

齐鲁理工学院
养成教育行为记录表

学院	生化学院	专业	食品生物技术
姓名	张茜	学号	23109206021 7
自选好习惯	勤奋好学. 勤俭节约		

行 为 养 成 记 录

时间	2024 年 11 月 18 日
行为记录	每次完成作业后都会认真检查. 对于不懂的问题主动向老师请教。 收集用过的快递纸盒.饮料瓶等, 卖给废品回收站。
总结反思	每学懂一个知识点.都像往智慧宝库中增添了一颗宝石.内心无比充实。 把废旧物品收集起来卖掉. 减少了浪费.也感受到了点滴积累的意义。

齐鲁理工学院
养成教育行为记录表

学院	生化学院	专业	食品生物技术
姓名	张茜	学号	23109206021
自选好习惯	勤奋好学·勤俭节约		
行 为 养 成 记 录			
时间	2024年 11月25日		
行为记录	为了提高实践能力,积极参加实验室项目,研究各类问题。 购买生活用品前列出清单,不冲动消费,避免购买不必要的东西。		
总结反思	随着学习的深入,思维边界不断拓宽,那种兴奋如同发现新大陆一样。 树立了正确的消费观,不盲目攀比,更注重物品实际价值而非品牌。		

齐鲁理工学院
养成教育行为记录表

学院	生化学院	专业	食品生物技术
姓名	张茜	学号	23092060217
自选好习惯	勤奋好学 勤俭节约		

行 为 养 成 记 录

时间	2024 年 12 月 2 日
行为记录	主动选修了多门与专业相关的课程，即使课程安排得比较紧张也不放弃。 减少去高消费娱乐场所的次数，参加免费的校园活动。
总结反思	经过苦思冥想攻克了难题，自豪之情油然而生，觉得自己又进步了。 深知资源珍贵，懂得珍惜劳动成果，从而尊重他人劳动，增强社会责任感。

齐鲁理工学院
养成教育行为记录表

学院	生化学院	专业	食品生物技术
姓名	张梅	学号	23109206021
自选好习惯	勤奋好学、勤俭节约		

行 为 养 成 记 录

时间	2024 年 12 月 9 日
行为记录	制订详细的学习计划，按计划完成各个学科的预习、复习任务。 打印资料时采用双面打印，对于不重要的资料缩小字体，减少页边距打印。
总结反思	勤奋学习带来的知识储备，让自己对未来职业和发展的信心倍增。 选择环保、耐用产品，拒绝过度包装等浪费行为，推动社会绿色消费理念。

齐鲁理工学院

2024—2025 学年第一学期大学生养成教育期末测评表

考核项目	考核指标	自我评分占 30%	测评小组评分占 20%	辅导员评分占 50%	得分
价值观（20分）	爱党爱国(5分) 敬业负责(5分) 诚实守信(5分) 友善乐群(5分)	5	6	7	18
品德（20分）	敬重自重(5分) 感恩守义(5分) 助人为乐(5分) 勤俭节约(5分)	5	4	6	15
性格（20分）	阳光乐观(5分) 大度执着(5分) 坚毅果敢(5分) 认真严谨(5分)	6	4	6	16
学业（20分）	勤奋好学(5分) 善于思考(5分) 知行合一(5分) 阅读经典(5分)	6	4	5	15
行为（20分）	自省自律(5分) 文明礼貌(5分) 整洁健康(5分) 体育锻炼(5分)	6	7	6	19
总分		83			
辅导员意见		辅导员签字：			
院系意见		负责人：			

第二部分
成长感悟

齐鲁理工学院

大学生养成教育"六行动"之学史爱国心得体会（一）

2022年是中国共产党成立101周年，是党的二十大召开之年，也是进入全面建设社会主义现代化国家奋进新征程的重要一年。在这一年，旗帜高扬，使命光荣。信任与信心，凝结为共同的意志，2022年10月16日，中国共产党第二十次全国代表大会在北京隆重召开。会场内外，党的意志，人民的意愿达到高度一致，共识激发奋斗的力量。作为中华人民共和国的一员，我积极学习党的二十大报告全文，中国共产党章程和重要决议后，认真领会党的二十大精神，梳理心得体会如下：

一、回顾过去

在党的二十大中，习近平总书记代表第十九届中央委员会向大会进行汇报。在报告中，习近平总书记系统总结了自十八大召开至今的十年时光与工作成果。过去十年来，全国各族人民紧紧追随着以习近平同志为核心的党中央的领导，走过非凡壮阔历程，取得伟大的历史性成就，呈现了新时代人民群众的幸福美好生活和良好精神风貌。

习近平总书记在党的二十大报告中指出："十年来，我们经历了对党和人民事业具有重大现实意义和深远历史意义的三件大事：一是迎来中国共产党成立一百周年，二是中国特色社会主义进入新时代，三是完成脱贫攻坚、全面建成小康社会的历史任务，实现第一个百年奋斗目标。这是中国共产党和中国人民团结奋斗赢得的历史性胜利，是彪炳中华民族发展史册的历史性胜利，也是对世界具有深远影响的历史性胜利。"

我们深刻地认识到，实现第一个百年奋斗目标，包括全面脱贫，是中国历史乃至人类历史上的一个伟大奇迹，是党带领全党全军全国人民，齐心协力，万众一心，艰苦奋斗而实现的伟大事业，展现了在党的领导下，人民群众创造历史的巨大力量，也体现了中国特色社会主义的伟大生命力和优越性。未来的道路或许更加艰难，但回顾过去，我们充满信心。

二、展望未来

在报告中,也系统总结了新时代中国十年的伟大变革。即日起,中国共产党的中心任务就是带领全国各族人民全面建成社会主义现代化强国、实现第二个百年奋斗目标,以中国式现代化全面推进中华民族伟大复兴。未来十年是全面建成社会主义现代化强国开局起步的关键时期,这也就要求全党全面准确把握新时代新征程党和国家事业发展新要求,聚焦于实现第二个百年奋斗目标,实现中华民族伟大复兴的中国梦,凝聚起全党全国各族人民共同奋斗的意志和力量。

三、新时代使命

作为实现第二个百年奋斗目标的亲身经历者,我们青年学生更应该不忘初心,牢记使命,艰苦奋斗,敢于斗争。持续深入地学习二十大报告精神,深刻认识、体会到无比重大的历史责任,无上荣光的历史使命。我们要坚定心中的信仰,时刻保持头脑清醒,用行动和思想自觉做到对党忠诚;要敢于担当、勇于作为,永远保持韧劲,保持执着和耐心,用心做好每一件"小事";要坚定斗争意识,直面问题,敢于突破,全力战胜各种困难和挑战,让自己能承受住历史使命。

因此,我们青年学生要跟随国家脚步,高举中国特色社会主义伟大旗帜,全面贯彻新时代中国特色社会主义思想、弘扬伟大建党精神,自信自强、守正创新,踔厉奋发,勇毅前行。这也要求党的各级组织和全体党员在以习近平同志为核心的党中央坚强领导下,高举社会主义伟大旗帜,为全面建成社会主义现代化国家、全面推进中华民族伟大复兴而团结奋斗!

22级会计(升)2班
王慧颖

齐鲁理工学院

大学生养成教育"六行动"之学史爱国心得体会（二）

2022年10月16日上午中国共产党第二十次全国代表大会隆重举行，中共中央总书记、国家主席、中央军委主席习近平代表第十九届中央委员会向大会作工作报告，对过去五年的工作和新时代十年的伟大变革作了全面深入的回顾，对新时代新征程的党的使命任务进行了统筹规划。这次大会，是在全党全国各族人民迈上全面建成社会主义现代化国家新征程、向第二个百年奋斗目标新征程进军的关键时刻召开的一次十分重要的大会，是团结带领全国各族人民全面建成社会主义现代化强国、实现第二个百年奋斗目标，以中国式现代化全面推进中华民族伟大复兴的重大政治宣言和科学行动指南的战略性、前瞻性大会，反映了全党全军全国各族人民的共同心声。通过观看党的二十大会议，学习二十大"永远跟党走、奋进新征程"主题云团课，我对于第二十次全国代表大会所提出的思想决议有了更进一步的理解和体会，并进一步坚定了个人的理想信念与责任担当。作为新时代大学生更要努力学习科学知识，不断提高个人素养，争做新时代祖国栋梁。

首先，我感受到近十年来在中国共产党的坚强领导下和全体人民的共同奋斗下，我国取得了许多伟大成就与重大飞跃，诸如汽车产业的飞速发展进步与壮大，尤其是新能源汽车领域的可喜进展，芯片等高科技行业自研化程度迅速提高，逐步发展并不再受制于人的关键科技行业等，作为新时代中国青年，我为此感到由衷的高兴、自豪与骄傲——这就是中国特色社会主义制度的优越条件下不断发展壮大的中国速度与中国力量！

其次，在这一切伟大变革与巨大成就背后，我明白是中国共产党的总揽全局、协调各方发挥着领导核心作用，没有共产党就没有新中国。党的历史证明，思想政治工作在党的事业中极其重要，发挥着巨大的作用，是经济工作和其他一切工作的生命线。我也由此意识到，新时代，我一定会牢牢把握习近平新时代中国特色社会主义思想的世界观和方法论，努力实现个人人生价值。我也深刻领会到唯有坚持正确的思想意识形态，方能更好地提升自己，奉献社会，报效祖国。

通过学习二十大精神，我学会了很多，明白了很多。我身为一名新时代青年，不会忘记先辈们开创历史的大无畏精神，不忘初心，牢记使命，终会抵达"直挂云帆济沧海"的光辉彼岸。

张子岳
2022级学前教育本科5班
22107101057513

齐鲁理工学院

大学生养成教育"六行动"之学史爱国心得体会（三）

党的二十大心得体会

中国共产党第二十次全国代表大会是在全党全国各族人民迈上全面建设社会主义现代化国家新征程、向第二个百年奋斗目标进军的关键时期召开的一次十分重要的大会，在党的历史上具有里程碑意义。在认真研读后，我深刻感受到报告中所蕴含的深刻思想伟力。现将我的个人学习心得体会汇报如下。

一、升华思想，充分学习理解党的二十大对中华民族伟大复兴"压舱石"般的重要意义。

党的二十大精神，是全党、全军、全国各族人民团结一致、凝心聚力的思想武器。二十大报告博大精深，需要反复研读，深入学习。

二、深化认识，把握规律，按照党的二十大精神"指挥棒"奋勇前行。

一定意义上说，党的二十大报告通篇体现新时代、洞察新时代、立足新时代、谋划新时代。习近平新时代中国特色社会主义思想，为新时代提供了思想指南、行动指南。我们要以时不我待的紧迫感，加快建设新时代，深化对"新时代"发展规律的认识。

三、坚定信念，提升能力，牢牢把握历史脉络的"风向标"。

我深感二十大报告所蕴含的真理的力量，将结合实际、履职尽责，学习宣传好二十大精神。牢固树立"四个意识"，加强政治理论、业务知识学习，全面提高自己，以崭新的精神面貌迎接未来的工作和挑战，为新时代中国特色社会主义建设贡献力量。

张宵鹤
2022级护理学8班

齐鲁理工学院

大学生养成教育"六行动"之学史爱国心得体会（四）

党的十九大到党的二十大，是实现"两个一百年"的历史交汇期，是我党团结带领全国人民群众砥砺奋进、奋勇前进的五年。党的二十大胜利召开，事关党的国家事业继往开来，事关中国特色社会主义前途命运，事关中华民族伟大复兴，是在全党全国各族人民向第二个百年奋斗目标接续前进的关键时刻召开的一次十分重要的大会。我怀着激动的心情观看了一系列重大成就，心情激动，心怀感动，我为身为中国人而感到无比骄傲和自豪。

习近平总书记在党的二十大报告中指出："新时代的伟大成就是党和人民一道拼出来、干出来、奋斗出来的！"聆听和学习了报告，我深刻认识到伟大成就来之不易，更加理解了党的百年奋斗就是为中国人民谋幸福，为中华民族谋复兴，更加坚信全面建成社会主义现代化强国、实现第二个百年奋斗目标一定能够变为现实。

一代人有一代人的长征，一代人有一代人的担当，新时代的接力棒已传到我们手里，我们正奔跑在建设社会主义现代化强国的赛道上，我们要比谁的道德更高尚，谁的知识更多，谁的能力更强，谁的贡献更大。

作为一名青年大学生，我要时刻牢记习近平总书记的殷切嘱托，珍惜大学时光，认真学习科学文化知识，为建设祖国吸足养分，夯实基础，积聚力量；坚持学用结合，学以致用，养成独立思考的习惯，努力提高分析问题、解决问题的能力和水平；加强道德修养，锻炼意志品格，积极参加志愿服务活动，养成为人民、为祖国服务的高尚情怀；响应新时代召唤，怀抱中华民族伟大复兴梦想，珍惜时光，把握机遇。

"百年恰是风华正茂"，让我们紧密团结在以习近平同志为核心的党中央周围，以史为鉴、学史明志、向史而新，接续谱写属于中国人的不朽伟业。

孙明慧
2021级护理学4班

齐鲁理工学院大学生养成教育"六行动"之
阅读经典书籍读书笔记记录表（一）

姓名	杜诺	学院	土木程学院
班级	土木程1班	学号	181061010211
书名	《齐鲁文化读本》		
作者姓名及简介	冯小红 山东外事职业学院副教授，政治理论课老师 锡娟娟		

书籍内容简介：

本书从齐鲁大地的历史入手，介绍了山东的著名历史遗迹以及历史上的政治名人、思想圣人、军事名人、科技名人、文化名人，并对当地历史风俗做了风趣的介绍。

好词（句、段）摘抄：

春风沂水 跃跃欲试 獐头鼠目 春涌夏弦 丽藻春葩 重峦障群山竦立 独树一帜 寥若晨辰 阗脆暴朗 春意阑珊 秋高气爽

人朗朗乾坤，堂堂中华，商炎五岁，繁衍百亿人，铁府批琉，民手开三峡，盘环万里长城，朋印跨加曲黄河，高擎文明圣火，穿越世纪风云，火熊熊薪传百代，光灿灿彪炳千秋。

2、中华国粹是京剧，始于清乾隆年间，由汇徽汉昆秦调，流传世间两百年，分为生净末丑，脸谱判分善与恶，有板有眼有讲究，中华文化载其间。

3、庄子曰："天地有大美而不言。"园艺源自天地，从伏羲仰天府地而悟其经，到屈原漫天地而得九歌，再到竹林七贤隐居山林而通法，古之雅士，各人有所得，无不与天地相交接。

读后感

　　齐鲁文化的魅力来自其基本精神、齐鲁文化的基本精神博大精深，是中国传统文化的精神基础，它的主要方面可以概括为：自强不息的刚健精神，崇尚节义的爱国精神，厚德载物的仁德精神，聪明睿智的创造精神，中庸和谐的和合精神，求真务实的求实精神，勤劳勇敢的奋斗精神，民贵君轻的民本精神，德行天下的义礼精神，内圣外王的人格精神。

　　刚健自强奋斗不息是齐鲁文化的精神之一，也是齐鲁文化精神的深层次内容，齐鲁文化之所以具有如此强的魅力，与这样一种精神密不可分。《周易·乾卦》有一句话，能较好地彰显出齐鲁文化的这种精神："天行健，君子以自强不息"这种自强精神从齐鲁文化诞生起，就与齐鲁文化融合在一起，它表现在齐鲁文化的方方面面，以大自然生生不息的运行特点比喻人们顽强奋进、刚健自强的精神。

　　中国传统文化的核心内容是以儒家思想学流为主要代表的，广泛影响人们的思想和行为的主流观念和价值取向。它包含着齐鲁文化、河洛文化、吴越文化、荆楚文化等地域文化。齐鲁文化是以先秦时期齐鲁两国文化为内核和主干，从齐鲁文化的发生、发展和延续作为主要描述对象的文化类型。齐鲁文化作为中国古代城邦的聚居地域文化中的一支，曾育出了中国古代伟大的思想家孔子、孟子等儒家思想体系的创始人以及其他先秦诸子，为中国传统文化的发展做出了巨大贡献。齐鲁地区成为"文化圣地"，呈现出不同于其他地域文化的独特的魅力和鲜明特色，在中国传统文化中占据着特殊而重要的地位。

　　先秦兵学多出于齐文化，孙武、孙膑及司马穰苴均为齐国人。在中国古代兵文化中，齐鲁兵学占有非常重要的位置，代表着先秦兵学的主体构成与最高成就。

说明：1.表格反正面打印。2.字迹工整，条理清晰。

学团工作处　制

齐鲁理工学院大学生养成教育"六行动"之
阅读经典书籍读书笔记记录表（二）

姓名	孙明慧	学院	医学院
班级	2021级护理学4班	学号	211081012014
书名	《诗经》		
作者姓名及简介	佚名，绝大部分内容已经无法考证，传为尹吉甫采集，孔子编订		

书籍内容简介：《诗经》在先秦时期称为《诗》，西汉时期被尊称为儒家经典，始称《诗经》，并沿用至今。诗经在内容上分为《风》《雅》《颂》三个部分。《风》是周代各地的歌谣；《雅》是周人的正声雅乐，又分为《大雅》和《小雅》；《颂》是周王庭和贵族宗庙祭祀的乐歌，又分为《周颂》《鲁颂》和《商颂》。《诗经》内容丰富，反映了劳动与爱情、战争与徭役、压迫与反抗、风俗与婚姻、祭祖与宴会，甚至天象、地貌、动物、植物等方方面面。

好词（句、段）摘抄：
· 如月之恒，如日之升，如南山之寿，不骞不崩，如松柏之茂，无不尔或承.
· 知我者谓我心忧，不知我者谓我何求.
· 我姑酌彼兕觥，唯以不永伤.
· 皎皎白驹，在彼空谷.生刍一束，其人如玉.
· 月出皎兮，佼人僚兮，舒窈纠兮，劳心悄兮.
· 嗟彼小星，维参与昴，肃肃宵征，抱衾与裯.
· 山有扶苏，隰有荷华.
· 桃之夭夭，灼灼其华.之子于归，宜其室家.

读后感

"匪风发兮，匪车偈兮，顾瞻周道，中心怛兮"，我听到了即将离开家乡旅人的叹息。离开家乡时，呼啸的冷风，仿佛要将人间的温暖吹散，马车飞一般地疾驰着，不一会儿，就已经看不到家乡的影子。他不禁想起了他母亲那沧桑的脸与满头的银丝，想到这儿，泪水已夺眶而出。他将头从车窗伸出，想牢牢地记住家乡，可飞快的马车已载着他驶出了很远，从此，望故乡，已是路远山高。

那悠悠的愁呀，才下心头，却上眉头。

那凄婉哀怨的叹息，蕴含着妻子对亲人的思念，饱含了游子对故乡的思念，承载了诗人对国家的担忧，忘不了的愁，展不开的眉头，恰似遮不住的青山隐隐，流不断绿水悠悠……

放下《诗经》，斜倚着栏杆，我的心中一片怅然。《诗经》中那幽幽的叹息，恰如一杯咖啡，虽然带着苦涩，却令人回味无穷。历史的车轮碾过，一切已成为过去，在历史的洪流中，《诗经》犹如一架通往过去的桥梁。阅读《诗经》，我们如透过车轮碾过时扬起的尘埃，窥探着过去的繁华，倾听尘封在历史的角落里那声幽幽的叹息。

在《诗经》中，那些夕阳飞燕，香花美草，流水楼阁，红颜倩影，细雨梧桐，皓月红梅，都化作一声叹息，如一双无形的手，轻轻拨动着我的心弦，让心中泛起微微涟漪。

说明：1.表格反正面打印。2.字迹工整，条理清晰。

学团工作处　制

齐鲁理工学院大学生养成教育"六行动"之

阅读经典书籍读书笔记记录表（三）

姓名	于佳鑫	学院	商学院
班级	2021级投资学1班	学号	211041120109
书名	《史记》		
作者姓名 及简介	司马迁，字子长，左冯翊夏阳人，是西汉时期的史学家、文学家、思想家，被后世尊称为史迁、太史公、历史之父。他以其"究天人之际，通古今之变，成一家之言"创作《史记》。		

书籍内容简介：

《史记》是由西汉司马迁编写的中国历史上第一部纪传体通史，记载了从黄帝到汉武帝太初年间的历史。《史记》分为本纪、表、书、世家、列传五部分。其中本纪和列传为主体。它以历史上帝王等政治中心人物为史书编撰的主线，各种体例分工明确，都是以写人物为中心来记载历史的，创立了史书新体例"纪传体"。

好词（句、段）摘抄：

1）安于故俗，溺于旧闻：常人安于故俗，学者溺于旧闻，以此两者居官守法可也，非所与论于法之外也。

2）兵挫地削：疏屈平而信上官大夫、令尹子兰，兵挫地削，亡其六郡。

3）百二山河：秦，形胜之国，带河山之险，悬隔千里，持戟百万，秦得百二焉。

4）相识满天下，知心有几人。　5）不知其人，则不为其友。

6）智者千虑，必有一失；愚者千虑，必有一得。

7）举世混浊而我独清，众人皆醉而我独醒。

8）其身正，不令而行；其身不正，虽令不从。桃李不言，下自成蹊。

9）然其言必信，行必果，已诺必成，不爱其躯，赴士之厄困；既已存亡死生矣，而不矜其能，羞伐其德，盖亦有足多者焉。

读后感

在中国这个物华天宝、人杰地灵的泱泱文明古国里，中华文明源远流长，博大精深，先贤们给我们留下了浩如烟海的精神财富——古文典籍。满天星辰中，《史记》是最为璀璨、最熠熠生辉的。细细品读，可以感受到3000年前，群雄峰起、英雄拼搏、帝王称霸的峥嵘岁月。

《史记》是我国第一部纪传体通史，书中记述了黄帝以来的传说，时间跨越3000多年，较为详细地记述了我国这一历史时期的政治、经济、文化等方面的发展史，是一部伟大的史学巨著，是中华民族文化中的瑰宝。

司马迁为完成这一著作，忍常人之不忍，承受了肉体和精神的双重打击。司马迁呕心沥血，发愤写作，历经18年，完成了历史的辉煌巨著，耗尽毕生心血，完成了前无古人的文学著作。司马迁实现了自我生命的最高价值，启发和滋养着中华儿女，被鲁迅评价为"史家之绝唱，无韵之离骚"。

读《史记》，使我认识了四面楚歌中，乌江自刎的项羽；生灵涂炭中，起兵反秦的陈胜；紧急危难中，智勇双全的蔺相如；流亡在外，却登上皇位的重耳……司马迁笔下，有多少英雄以他们的血汗情志来书写精忠报国。"风萧萧兮易水寒，壮士一去不复返"荆轲受命大厦将倾时，壮志未酬咸阳宫；"但使龙城飞将在，不教胡马度阴山"；卫青霍去病漠北决战，扬大汉雄风……这一幕幕波澜壮阔的史剧，已凝成书页泛黄的史书，而就在书页翻动之间，那精神的钟鸣延绵至今，激荡心间。

《史记》传递着那古老、悠扬的钟声，一首在中华历史大河中荡气回肠的英雄交响曲，给我们奠定精神基调。

说明：1.表格反正面打印。2.字迹工整，条理清晰。

学团工作处　制

齐鲁理工学院大学生养成教育"六行动"之
阅读经典书籍读书笔记记录表（四）

姓名	尤丽爽	学院	护理学院
班级	2019级医学影像技术(体)6班	学号	191081030601
书名	《CT读片指南》		
作者姓名及简介	冯亮是我国著名的放射学家，南京军区总医院原放射科主任、主任医师，1916年4月16日生于天津，原籍浙江绍兴。		

书籍内容简介：

CT是20世纪70年代创新的一门影像诊断技术，被誉为X线诊断学的一次革命。CT除显示组织器官的形态外，尚可高分辨率地显示组织密度，可显示X线不能显示的器官组织的病变，尤其在肺胆胰肾、腹腔外隙的包块诊断已展示其独特的优点。CT诊断，以CT征象为基础，结合病理表现，联系临床资料，进行分析推理，才能准确无误。要进行CT征象分析，就必须读片。

好词（句、段）摘抄：

计算机断层扫描(CT)是现代航天技术、电子技术、计算机技术和数学相结合的产物，为临床提供了个崭新的、无创伤的、无痛苦的影像手段。

由于物质对X线的吸收能力取决于物质的密度、原子量、X线在其中穿越的距离以及X线本身所包含的能谱。

由于图像质量与辐射剂量有密切关联，因而离开剂量来评论图像质量是没有意义的。但我们需着眼于尽量小的辐射剂量而提供尽量高的空间分辨率和密度分辨率。

螺旋扫描工作方式的一个重要参数是螺距，它的定义为在X线管旋转360°的时间内患者床所移动的距离与准直器断面比。

读后感（不低于 800 字）

《CT读片指南》详细描述了每个病例的特征.其中有常见病、多发病,还有罕见病.每个病例均先展示其CT图片,然后描述CT征象的特征,再作出CT诊断和最后诊断.最后作一评述.在评述中剖析CT诊断和鉴别诊断要点、有的剖析误诊的原因,提出诊断注意事项.全书资料翔实.CT诊断大多与病理诊断对照,图像真实清晰,分析简明、透彻.《CT读片指南》可启迪读片医师的诊断思路,使他们能够类旁通、举一反三,在下CT诊断时能得心应手.

CT影像诊断具有检查简便、影像密度分辨率高、且可作人体横断面、三维图像显示的优点,提高了疾病诊断的准确性,是影像诊断中重要的检查方法.随着CT设备的普及,CT技术已经成为临床各学科医生在疾病的早期发现、诊断、治疗、判断预后以及医学科学研究中的重要手段.

CT诊断不仅由影像科医生结合临床作出诊断,而且临床医师更需要根据影像表现作出更加全面的诊断、治疗、判断疗效及预后等决策.进行CT读片必须先了解人体横断面解剖正常图像,继而掌握疾病表现加以介绍,但更为重要的是掌握读片分析的方法和加深对各种异常影像的理解和辨认,结合临床检查作出精确的诊断,提高疾病的诊断与治疗水平.

CT诊断,以CT征象为基础,结合病理表现,联系临床资料,进行分析推理,才能准确无误.要进行CT征象分析,就必须读片.读片是放射科医师和临床相关医师的基本功.读片医师不仅要掌握基础医学、临床医学的基本理论和基本技能,而且要熟悉CT诊断学的基本理论和基本技能.

读完这本《CT读片指南》,我更加了解了医学影像的神奇和它吸引人的魅力.同时对我们的身体疾病有了更加深入的了解.

说明：1.表格反正面打印。2.每读一本书手填一张表格。3.字迹工整，条理清晰。

学团工作处　制

齐鲁理工学院大学生养成教育"六行动"之
阅读经典书籍读书笔记记录表（五）

姓名	王籍杰	学院	计算科学与信息工程学院
班级	软件工程2班	学号	201051040214
书名	《代码整洁之道》		
作者姓名及简介	马丁自1970年进入软件行业，从1990年起成为国际软件咨询师，是软件行业大师级人物。		

书籍内容简介：

　　《代码整洁之道》讲述了一系列行之有效的整洁代码操作实践。软件质量，不但依赖于架构及项目管理，而且与代码质量紧密相关。

好词（句、段）摘抄：

1. 整洁的代码只做好一件事。

2. 确保函数只做一件事，函数的语句都要在同一抽象层上。

3. 关于switch，如果只出现一次，则应用于创建多态对象，而且隐藏在某个继承关系中。参见工厂模式。

4. 理想是零参数，其次是一个参数，再次是两个，避免采用三个以上参数，说明其中一些参数可以封装为类了。

5. 最好把try和catch代码块的主体部分抽离出来另外形成函数。如果try在一个函数中出现，那么它应在该函数的第一个单词。

读后感

代码是我们用来表达需求的语言，我们明白，代码将会是我们之后无法避免而且需要学好的一项技能。对于基本的编写代码的整洁将会是提高我们编写和阅读修改的效率的一个很好的办法。其实对于我这个接触代码不多的初学者而言，编写代码一开始会有许许多多的不规范的地方，对于基本的格式、命名等有一定的针对性的要求的话，对于之后的编写和基本的习惯的养成会有很大帮助。

读完这本书，我最大的收获还是一个感受，就是我需要去做到代码整洁，而不是说我学会了代码整洁。其实在看完一遍之后，我对于其中很多概念仍然不是很理解，但是我认为我在阅读完了书本过后，有了一个基本的去实现这些东西的触动，当然这一份触动是需要我用之后的实际行动和具体的学习来完善和加深印象的。

代码整洁，正如书中提到的，看似是多此一举，但是这个动作确是后来效率提高的关键，其实有时候只是人们的将就和推辞导致了代码混乱。如果我们能够在一开始就做好这些的话，那么我们就能避免后面的多余的工作。至少在一个基本的层面上能够做到代码整洁，虽然无法做到书中那般好，但对于之后的效率提高还是很有帮助的。

说明：1.表格反正面打印。2.每读一本书手填一张表格。3.字迹工整，条理清晰。

学团工作处　制

齐鲁理工学院

QILU INSTITUTE OF TECHNOLOGY

大学生养成教育"六行动"之

社会调研（一）

报告名称：　　品酸浆神奇，燃振兴之魂

学生姓名：　　杨乔越

学　　院：　　教育学院

学　　号：　　241071020420

班　　级：　　2024 级舞蹈表演 2 班

内容摘要

邹平酸浆豆腐作为山东邹平地区的传统特色美食，凭借独特制作工艺与风味口感，在当地饮食文化中占据重要地位。本次调研通过文献研究、实地考察、访谈及问卷调查等方法，深入剖析其现状、优势、问题及发展策略。

邹平酸浆豆腐以当地优质大豆为原料，遵循古老配方，用酸浆点卤，具有质地细腻、豆香浓郁、营养丰富的特点。目前，邹平当地拥有众多酸浆豆腐作坊，部分产品已采用真空包装方式进入周边城市超市。但生产规模普遍较小，多为家庭式经营，品牌建设滞后，市场推广力度不足，产品附加值较低。

调研结果显示，多数消费者对酸浆豆腐的健康属性和独特口感评价较高，但对其认知渠道有限，主要依赖传统农贸市场。同时，制作工艺传承也面临后继无人的困境，传统手工技艺的保护迫在眉睫。

为促进邹平酸浆豆腐产业发展，建议在保持传统工艺的基础上，引入现代化生产设备，扩大生产规模；加强品牌建设，挖掘文化内涵，提升产品知名度；拓展销售渠道，结合电商平台与新零售模式，拓宽市场覆盖面；通过职业培训、文化传承活动等方式，吸引年轻人投身传统技艺传承。

前　言

邹平酸浆豆腐作为山东省滨州市邹平市的传统特色美食，承载着当地悠久的饮食文化与历史记忆。邹平酸浆豆腐的制作技艺秉承着中国传统豆腐文化兼具地域的特点。

邹平酸浆豆腐是齐鲁大地豆腐传统文化的典型表现形式，是手工传统古法制作的原生态，体现了邹平人民群众的杰出创造力和对传统文化的敬畏、爱护之情，具有较高的历史文化和科学价值，被专家称为"中国豆腐传统制作的活化石，是珍贵的文化遗产"。2013 年 5 月，山东省政府公布邹平酸浆豆腐制作技艺为山东省非物质文化遗产；2016 年，邹平酸浆豆腐传习所被山东省原文化厅评为山东省非物质文化遗产生产性保护示范基地。

正 文

一、调研的基本情况

（一）调研目的

发扬邹平酸浆豆腐"请进来，走出去"的发展模式，注重酸浆豆腐制作技艺的传承与保护。"请进来"让广大人民群众到酸浆豆腐传习所来学习和体验酸浆豆腐的制作工艺。与中小学合作成立研学实践教育基地，融合邹平酸浆豆腐非物质文化遗产传承教育，让中华民族的文化自信理念深入教师、学生内心，让他们在做豆腐的实践之中找到文化自信。"走出去"就是主动寻求合作，使酸浆豆腐制作技艺和产品得到更广泛的传播和社会认知。传承并发扬邹平酸浆豆腐非物质文化遗产，推广酸浆豆腐传习所和非物质文化遗产研学体验基地，在提高酸浆豆腐口感和产量的基础上，使酸浆豆腐实现标准化、规模化生产。

（二）调研时间

2025 年 1 月 17 日至 2025 年 1 月 20 日。

（三）调研地点与对象

山东省滨州市邹平市邹平酸浆豆腐制作基地。

（四）调研方式

实地考察、访谈、文献研究。

（五）调研内容

探秘邹平酸浆豆腐，深挖工艺、市场与传承。

（六）调研过程

1. 准备阶段

（1）确定调研问题：明确本次调研旨在深入了解邹平酸浆豆腐的制作工艺传承情况、市场销售现状、消费者认知与喜好，以及其在当地饮食文化中的地位和面临的发展挑战等问题。

（2）组建调研团队：召集具备社会学、市场营销学、食品科学等专业知识的人员，进行调研方法、当地文化习俗等方面的培训，提升团队整体的调研能力。

（3）收集基础资料：查阅邹平地区的历史文献、地方年鉴、饮食文化研究资料，了解酸浆豆腐的起源、发展脉络等信息，为实地调研提供背景支撑。

2. 实地调研阶段

（1）问卷调查法。

问卷设计：涵盖消费者的基本信息、购买频率、购买渠道、口味偏好等，比如对酸浆豆腐营养价值的认知等。针对豆腐作坊及商家，设计关于生产规模、制作工艺细节、成本利润、销售渠道等问题问卷。

样本选取：在邹平市区及周边乡镇的农贸市场、超市、居民区等地，按照分层抽样原则，选取不同年龄、性别、职业的消费者发放问卷；同时，对酸浆豆腐生产作坊、餐厅饭店等商家进行全面调查。共发放问卷 1 000 份，收回有效问卷 850 份。

（2）访谈法。

确定访谈对象：包括酸浆豆腐制作传承人、豆腐作坊经营者、当地美食专家、普通消费者以及相关政府部门工作人员等。

实施访谈：采用面对面深度访谈形式，提前准备详细的访谈提纲，围绕酸浆豆腐的制作工艺传承困境、市场竞争压力、政府扶持政策等方面展开交流。共进行访谈 50 人次，每次访谈时间为 30 ~ 90 分钟，并做好录音和笔记。

（3）观察法。

生产过程观察：深入酸浆豆腐制作基地，观察从选豆、泡豆、磨浆、煮浆、点浆到成型的整个生产流程，记录制作工具、操作手法、酸浆使用等关键环节，拍摄照片和视频资料，直观感受传统工艺的独特魅力。

销售场景观察：在农贸市场、超市等销售场所，观察酸浆豆腐的陈列方式、顾客购买行为、商家促销手段等，分析市场销售情况。

二、调研中发现的问题

超过 70% 的消费者通过家人或朋友介绍了解酸浆豆腐，凸显了口碑传播的影响力。大众媒体宣传占比约 20%，网络新媒体虽有涉及但影响力有限，品牌知名度对购买决策影响相对较小，仅约 35% 的消费者表示会受其影响。传统酸浆制作需精准掌握温度、时间和比例，如今仅有 40% 的作坊严格遵循传统工艺。年轻一代对复杂工艺兴趣低，传承人群平均年龄超 50 岁，青黄不接问题突出。约 60% 的传承人和从业者希望技艺传承，但缺乏有效的传承途径；

40%的从业者因经营压力大、利润微薄，对传承持保留态度。约80%的酸浆豆腐通过农贸市场、小型杂货店销售，超市渠道占比约15%，电商平台销售占比不足5%，线上销售拓展潜力巨大。文化认同度较高，超90%的邹平居民视酸浆豆腐为邹平特色文化符号，使其在传统节日、家庭聚会中扮演重要角色，但在外地知名度较低，仅约30%的非邹平受访者表示了解。

三、解决问题的建议

邹平酸浆豆腐作为具有独特文化价值与风味的传统美食，在现代社会面临诸多挑战。为实现其可持续发展，建议加强对传统技艺传承人的保护与扶持，通过开办培训班、进校园等活动，培养年轻一代传承者；加大品牌建设与市场推广力度，利用互联网、电商平台拓宽销售渠道；相关部门制定统一的质量标准，规范行业生产，确保酸浆豆腐品质稳定，让这一传统美食在新时代焕发生机与活力。

四、结语

邹平酸浆豆腐承载着邹平地区深厚的历史文化底蕴，是当地饮食文化的瑰宝。尽管当前在制作技艺传承上面临着年轻从业者稀缺、传统作坊经营模式受限等问题，在市场拓展中遭遇品牌影响力不足、销售渠道单一等困境，但它凭借独特的口感与丰富的营养价值，依然在当地及周边拥有稳定的消费群体，展现出强大的市场潜力。

若想突破发展瓶颈，邹平酸浆豆腐产业需要凝聚各方力量。政府应加大扶持力度，提供政策优惠与资金支持，助力产业升级；行业协会要充分发挥组织协调作用，规范行业标准，维护市场秩序；从业者自身需积极创新，在坚守传统工艺内核的前提下，引入现代技术与管理理念，扩大生产规模，提升产品品质稳定性。同时，借助多元的营销手段，讲好酸浆豆腐的文化故事，塑造地域特色品牌，拓宽线上线下销售渠道，让这一传统美食走出邹平，走向更广阔的市场。通过多措并举，邹平酸浆豆腐有望实现产业的蓬勃发展，不仅能让更多人品尝到这份独特美味，还能让其在新时代焕发出新的生机，持续传承地方特色饮食文化，带动地方经济繁荣。

（内容有删节）

QILU INSTITUTE OF TECHNOLOGY

大学生养成教育"六行动"之 社会调研（二）

报告名称： 春节节日文化调研报告

学生姓名： 耿瑞源

学　　院： 商学院

学　　号： 231042090108

班　　级： 2023 级现代物流管理 1 班

内容摘要

本次调研以沂源县春节文化为对象，采用问卷、访谈和文献研究法，深入剖析其传承现状与问题。研究发现，当地春节文化存在传统习俗简化、文化内涵理解偏差、传承人才匮乏等问题。为此，提出创新传承模式、加强文化教育、培养传承人才等建议，旨在推动沂源县春节文化的传承与发展，增强文化自信。

前 言

沂源县历史文化底蕴深厚，春节作为最具代表性的传统节日，承载着丰富的文化内涵。春节，在这片土地上不仅仅是一个节日，更是当地居民情感的寄托、家族传承的纽带以及地域文化的集中展示。

在过去，每到春节，沂源的大街小巷都充满着浓郁的节日氛围。从腊月开始，人们就忙碌起来，为迎接新年做准备。然而，随着现代社会的快速发展，生活节奏不断加快，外来文化的冲击日益加剧，沂源县的春节文化传承面临诸多挑战。一些传统习俗逐渐被简化甚至遗忘。本次调研通过实地考察、数据分析和理论研究，深入探究沂源县春节文化，为春节文化的传承与发展提供参考。

正 文

一、调研的基本情况

（一）调研目的

全面了解沂源县春节文化的传统习俗、传承现状及面临的问题，分析当地居民对春节文化的认知和态度，为沂源县春节文化的传承与发展提出可行性建议。

（二）调研时间

2025年2月10日至2025年2月17日。在这个时间段，沂源县居民正沉浸在节日氛围中，便于对春节文化进行全面且深入的调研，能够真实地观察到各种春节习俗的开展情况。

（三）调研地点与方式

地点：选取沂源县城、悦庄镇、东里镇等不同区域，涵盖城乡接合部、农村等。沂源县城作为全县的经济文化中心，居民生活方式较为现代化；悦庄镇和东里镇则具有不同程度的乡村特色，保留了较多传统的生活习俗和文化。通过对这些区域的调研，可以全面了解不同生活环境下居民对春节文化的认知与传承情况，确保样本多样性。

方式：问卷调查与访谈相结合。线上线下共发放问卷 600 份，收回有效问卷 550 份。线上通过社交媒体平台、本地论坛等渠道发放问卷，扩大调研范围，吸引更多年轻群体参与；线下在商场、集市、农村文化广场等人流量较大的地方发放问卷，确保涵盖不同年龄层次、职业的人群。选取不同年龄、职业的居民进行深度访谈，共访谈 50 人。同时，查阅沂源县志、相关民俗研究资料，为调研提供理论支持。

（四）调研内容与过程

内容：问卷涉及春节习俗认知、参与度、文化意义理解等。例如，设置问题"您是否了解'请家堂'仪式的完整流程？""您每年参与手工制作年货的频率是多少？""您认为春节对于您个人和家庭的意义是什么？"等。访谈围绕本地独特习俗、传承变化及发展期望展开。资料查阅聚焦春节文化的历史脉络、地域特色。

过程：前期准备资料、设计问卷。通过查阅相关文献，了解沂源县春节文化的大致情况，结合调研目的，设计出具有针对性的问卷和访谈提纲。中期开展调查与访谈。调研人员分组前往各个调研地点，按照预定计划发放问卷、进行访谈，并做好记录。后期整理和分析数据，撰写报告。对收回的问卷数据进行统计分析，对访谈内容进行归纳总结，结合资料查阅的结果，深入分析沂源县春节文化传承存在的问题，并提出相应的建议，最终撰写成调研报告。

二、调研中发现的问题

（一）传统习俗被简化

随着生活节奏加快，部分传统习俗被简化。如"请家堂"仪式，在过去，这是一项非常隆重的仪式，通常从大年三十下午开始，家族中的男性长辈带领晚辈，拿着香、火纸等祭品前往家族墓地，恭恭敬敬地将逝去的祖先"请"回家中，摆上丰盛的祭品，燃香磕头，祈求祖先保佑全家平安。整个仪式流程严谨，参与人数众多，家族成员们都怀着敬畏之心参与其中。然而现在，"请家堂"仪式的流程简化了许多，一些环节被省略，参与人数也明显减少。很多家庭只是简单地在家中摆上祭品，烧几炷香，不再像过去那样前往墓地举行庄重的仪式。

手工制作年货的家庭越来越少，大多选择购买成品。以前，每到春节前夕，沂源的家家户户都会忙着制作各种年货，像蒸年糕、做豆腐等。一家人围坐在一起，分工合作，其乐融融。制作年货不仅是为了准备节日食物，还是一种传承春节文化和凝聚家庭情感的方式。但如今，由于人们工作繁忙，生活节奏加快，加上市场上各种成品年货种类繁多，购买方便，越来越多的家庭放弃手工制作年货，转而直接购买现成的物品。这反映出现代生活对传统习俗的冲击，人们在快节奏生活中难以全身心投入传统习俗的准备。

（二）文化内涵理解存在偏差

不同年龄段的人对春节文化内涵的理解存在差异。

老年人注重传统礼仪和家族传承，他们从小生活在浓厚的春节文化氛围中，深刻理解春节所蕴含的孝道、家族团聚、感恩祖先等意义。在他们心中，春节是一年中最重要的节日，各种传统习俗都承载着家族的记忆和对美好生活的期盼。

年轻人更关注娱乐和消费。部分年轻人对春节的传统意义认识不足，只是将其视为休息和娱乐的时间。在调研中发现，一些年轻人在春节期间，更多的是选择玩手机、玩游戏、外出旅游等娱乐活动，对传统习俗参与度不高。这表明在文化传承过程中，政府部门缺乏对年轻群体的有效引导，导致文化内涵的传承出现断层。

（三）传承人才匮乏

沂源县一些特色春节民俗活动，如锣鼓表演、民间手工艺制作等，面临传承人才匮乏的问题。锣鼓表演在过去是沂源春节期间必不可少的活动，每到春节，各村各镇都会组织锣鼓队进行表演，热闹非凡。然而现在，愿意学习锣鼓表演的年轻人越来越少，很多锣鼓队因为缺乏年轻血液的注入，面临解散的困境。

民间手工艺制作也是如此，像剪纸、面塑等传统手工艺，都有着独特的艺术魅力和文化价值。但由于学习这些手工艺需要花费大量的时间和精力，而且短期内难以带来经济收益，年轻人对其兴趣不高，缺乏学习和传承的动力。这使得传统民俗活动的传承面临后继无人的困境，影响了春节文化的多样性。

三、解决问题的建议

（一）创新传承模式

利用新媒体平台，制作沂源春节文化短视频，比如"沂源年俗大赏"系列视频，展示当地特色习俗。可以邀请当地的民俗专家、文化传承人和普通居民参与拍摄，通过生动有趣的视频内容，吸引更多人关注沂源春节文化。举办线上春节文化知识竞赛、民俗摄影比赛等活动，提高居民参与度。设置丰厚的奖品，鼓励广大居民积极参与，让居民在参与过程中加深对春节文化的了解。结合现代科技，开发"沂源春节文化之旅"线上游戏，让玩家在游戏中了解当地春节文化。

（二）加强文化教育

在学校开设沂源春节文化校本课程，编写相关教材，讲述本地春节故事和传统习俗。教材内容可以包括沂源春节的历史渊源、特色习俗、民间传说等，通过图文并茂的方式呈现，增加趣味性和可读性。组织学生参与民俗体验活动，让学生在实践中感受春节文化的魅力，增强对传统文化的认同感和归属感。社区和农村定期举办春节文化讲座，邀请民俗专家和长辈分享经验，增强居民对春节文化的认同感。讲座可以采用通俗易懂的方式，结合实际案例，让居民更好地理解春节文化的内涵和价值。

（三）培养传承人才

政府设立专项基金，支持沂源春节民俗传承人的培养，为年轻人学习传统技艺提供补贴和奖励。对于积极学习锣鼓表演、民间手工艺制作等传统技艺的年轻人，给予一定的经济支持，鼓励他们坚持学习。举办传统技艺培训班，邀请民间艺人授课，培养后备人才。培训班可以定期举办，采用理论与实践相结合的教学方式，让学员们系统地学习传统技艺。鼓励年轻人成立民俗文化社团，如锣鼓表演社团、民间手工艺制作社团等，开展传承活动，为春节文化传承注入新活力。社团可以定期组织活动，展示学习成果，吸引更多年轻人参与。

四、结语

春节节日文化是中华民族的宝贵财富，在现代社会传承与发展中虽然面临挑战，但充满机遇。通过创新传承方式、加强文化教育和保护地域特色等措施，我们有信心让春节节日文化在新时代焕发出新的活力，继续承载中华民族的情感和记忆。在未来的发展中，应持续关注春节节日文化的动态变化，不断探索更有效的传承与发展路径，让这一传统节日文化代代相传。

参考文献

［1］萧放.春节：阖家团圆的节日［M］.北京：北京时代华文书局，2021.

［2］沂源县史志编纂委员会.沂源县志［M］.北京：方志出版社，2013.

［3］张坤.春节里的沂源年俗［N/OL］.淄博日报 - 淄博新闻网，2023-01-16.

齐鲁理工学院

QILU INSTITUTE OF TECHNOLOGY

大学生养成教育"六行动"之
社会调研（三）

报告名称： 即墨柳腔社会调研报告

学生姓名： 李亚妮

学　　院： 教育学院

学　　号： 231071010203

班　　级： 2023 级学前教育（本）2 班

内容摘要

本次聚焦即墨柳腔开展社会调研，综合运用问卷、访谈、文献研究等方法。共发放问卷 300 份，收回有效问卷 78 份，共访谈 20 余人。结果显示，大众对即墨柳腔认知度适中，了解不深，仅 35% 的受访者有一定程度的了解，其中大部分为 60 岁以上的老年群体。剧团每年演出 80 场左右，场地受限，多为送戏下乡，商业演出相对较少。传承人才断层较为严重，人才培养相对困难，学员转行意向较高，学校普及性较差。

经分析，对于即墨柳腔出现的一系列问题，主因是文化多元化冲击、市场推广缺乏以及传承体系不完善。建议：强化新媒体宣传、加大政府扶持力度、推动创新融入现代元素，以促进即墨柳腔传承发展。

前　言

即墨柳腔作为山东省青岛市即墨区的传统戏曲剧种，有着独特的艺术魅力与深厚的文化底蕴。随着传统文化的繁荣与发展，中华优秀传统文化中所包含的思想理念、人文精神和道德准则也相应地获得了传承与创新。即墨柳腔作为戏剧文化中的一种，是中华优秀传统文化中不可或缺的一部分，也在不断创新与发展当中。然而，在现代多元文化冲击下，其生存与发展面临诸多挑战，必须想办法给予解决。

正　文

一、调研的基本情况

（一）调研目的

深入了解即墨柳腔的现状，探究其传承困境，为这一非物质文化遗产的保护与传承提供依据。

（二）调研时间

2025 年 1 月 10 日至 2025 年 1 月 17 日。

（三）调研地点与对象

山东省青岛市即墨区 10 岁及以上人群。

（四）调研方式

问卷、访谈、文献研究。

（五）调研内容

大众对即墨柳腔的认知程度，即墨柳腔的发展现状，等。

（六）调研过程

1. 前期准备

查阅大量相关文献，设计调研报告、调研问卷以及针对不同访谈对象的问题大纲。

2. 实地调研

（1）问卷调查：通过线上线下两种方式，向即墨当地及周边地区广泛发放问卷。共发放 300 份问卷，其中线上 250 份，线下 50 份。

（2）访谈：与即墨柳腔演员及观众进行访谈，了解相关信息。共访谈 20 余人。

（3）观察：现场观看柳腔演出，了解观众人数及演员的状态等。

3. 后期整理

对调研数据进行分析整理，并撰写报告。

二、调研中发现的问题

（一）认知不足

认知人群中，以老年群体为主，年轻群体关注较少，柳腔传播范围极为有限。

（二）演出困境重重

演出市场结构失衡，送戏下乡占比较高，商演稀缺，剧团运营资金不足。演出场地多局限于农村场所，不利于艺术呈现。

（三）传承难题突出

人才青黄不接，专业演员培养周期长、成本高。传承方式传统，缺乏系统教学体系。

（四）创新发展迟滞

柳腔剧目内容陈旧，与现代社会生活脱节。表现形式上，音乐、表演风格等创新不足。

（五）宣传推广乏力

宣传渠道局限于传统媒体，宣传内容与形式单一。

三、解决问题的建议

（一）提升大众认知

① 走进校园社区。② 打造文化地标。

（二）优化演出生态

① 拓展商业演出。② 升级演出场地。

（三）完善传承体系

① 强化人才培养。② 创新传承方式。

（四）推动创新发展

① 内容创新。② 形式融合。

（五）加强宣传推广

① 新媒体运营。② 合作宣传。

四、结语

即墨柳腔承载着即墨人民数百年的情感与记忆，是地域文化的璀璨明珠。尽管当前面临诸多困难，但其独特的艺术魅力仍扎根于这片土地。通过这次调研，我们清晰地洞察到问题所在，也提出了一系列具有针对性的建议。

我们坚信，只要政府、社会各界、柳腔从业者与民众齐心协力，加大政策扶持、创新传承、拓展传播的力度，即墨柳腔必会在新时代舞台上焕发生机。

参考文献

[1] 杨清媛.枣庄柳琴戏与即墨柳腔的音乐比较研究［D］.济南:山东师范大学，2023.

[2] 王李杰.基于山东省即墨区非物质文化遗产柳腔的H5广告设计研究［D］.南京:南京邮电大学，2023.

[3] 解本明.谈即墨柳腔的传承与发展研究［J］.中国民族博览,2022,6（22）:59-62.

[4] 金悦.山东即墨柳腔信息可视化设计研究［D］.济南:济南大学，2022.

齐鲁理工学院

QILU INSTITUTE OF TECHNOLOGY

大学生养成教育"六行动"之
社会调研（四）

报告名称： 大学生网络使用习惯调研报告

学生姓名： 车健

学　　院： 计算机与信息工程学院

学　　号： 231051050108

班　　级： 2023 级电子信息工程 1 班

内容摘要

本次调研聚焦大学生网络使用习惯。经调查发现，大学生每日上网时长普遍在 4～8 小时，课余时间上网频繁，夜间使用高峰突出。社交软件、在线视频、网络游戏和学习类应用是常用类型。网络在助力学习资料获取、拓展社交圈的同时，也引发信息过载、沉迷娱乐导致学习分心、网络诈骗风险增加等问题。建议高校强化网络素养教育，家庭与学校协同引导，互联网企业优化内容推荐算法，多方合力助推大学生养成健康网络使用习惯，充分发挥网络优势推动自身发展。

前 言

在互联网飞速发展的时代，大学生作为网络使用的活跃群体，其网络使用习惯备受关注。了解大学生网络使用状况，对于引导大学生合理利用网络、促进其健康成长具有重要意义。

在数字化浪潮席卷全球的当下，网络已深度融入大学生的日常生活，成为其学习、社交、娱乐等活动不可或缺的重要组成部分。大学生作为网络使用的活跃群体，其网络使用习惯不仅关乎个人成长与发展，还对高校教育教学及网络环境建设产生着深远影响。为全面深入了解大学生网络使用的实际状况，剖析其中存在的问题与潜在影响，进而探寻有效的引导策略，我们特开展此次调研并形成本报告，旨在为高校、家庭及社会各界提供翔实的参考依据，助力大学生在网络时代实现健康成长与全面发展。

本报告将详细阐述此次调研的相关情况、发现的问题及提出的建议。

正 文

一、调研的基本情况

（一）调研的目的

深入了解大学生网络使用的频率、时长、用途等方面的习惯，分析网络对大学生学习、生活、社交和心理的影响，为高校和相关部门科学引导大学生使用网络提供参考依据。

（二）调研的时间

2024 年 1 月中旬至 2024 年 2 月 28 日。

（三）调研的地点、方式

1. 调研地点

居民住宅小区内部、大型商场及其他娱乐场所。

2. 调研方式

采用线上线下相结合的方式进行问卷调查，对部分学生进行访谈。线上问卷通过微信、QQ 等平台在学生群体中广泛传播，线下问卷在居民住宅小区内部随机发放给不同专业、年级的学生，同时选取具有不同网络使用特点的学生进行访谈和交流。

（四）调研的内容、过程

1. 调研内容

涵盖大学生每日上网时长、上网时间段、常用网络应用、网络在学习和生活中的作用、网络成瘾情况及对网络不良信息的应对办法等方面。

2. 调研过程

设计问卷，经过预调查和修改后确定最终问卷。线上线下同步发放问卷，共收集 73 份有效问卷。线上线下同步发放问卷后，对部分学生进行访谈，详细记录访谈内容，并对问卷和访谈结果进行整理和分析。

二、调研中发现的问题

（一）上网时间过长

大部分学生每日上网时长超过 5 小时，部分学生甚至超过 8 小时，严重挤压了学习和户外活动时间。长时间上网会导致学生身体疲劳、视力下降，且容易沉迷于网络世界，影响现实生活中的社交和学习能力发展。

（二）网络用途失衡

虽然网络用于学习的比例较高，但娱乐和社交应用仍占用大量的时间。如短视频、网络游戏等娱乐项目成为大学生课余时间的主要消遣，部分学生在课堂上也会分心浏览娱乐内容，影响学习效果。在信息获取方面，学生缺乏对信息真实性和可靠性的有效筛选能力，容易受到虚假信息误导。

（三）存在网络成瘾现象

约 76% 的学生表现出一定程度的网络成瘾倾向，对网络产生依赖，难以自控上网时间和行为。网络成瘾不仅影响学业成绩，还引发学生焦虑、抑郁等心理问题，降低其生活满意度和自我效能感。

三、解决问题的建议

（一）加强网络素养教育

高校应开设网络素养相关课程，并将其纳入思想政治教育体系。课程内容包括网络信息筛选、网络安全、合理安排上网时间等方面。通过案例分析、小组讨论、实践操作等教学方法，提升学生网络素养，增强其自我管理和辨别能力。

（二）引导健康网络行为

学校和家庭共同营造良好的网络环境。教师和家长要以身作则，引导学生合理利用网络。学校可组织网络使用活动，如网络知识竞赛、文明上网倡议等，鼓励学生积极参与，树立正确的网络使用观念。同时，建立网络使用监督机制，对学生网络行为进行适当引导和约束。

（三）优化校园网络管理

学校可在特定时间段限制娱乐类网络应用的流量和访问权限，如在上课时间和晚自习期间，以确保网络资源优先用于教学和学习。同时，完善校园网络设施，提供高速稳定的网络环境，满足学生学习和科研需求，减少因网络卡顿等问题导致的学生使用网络的烦躁情绪。

四、结语

本次调研揭示了大学生网络使用习惯中存在的问题，通过各方努力引导学生合理上网，有助于学生充分发挥网络优势，实现健康成长和全面发展。未来还需持续关注大学生网络使用动态，不断完善引导和管理措施。

（内容有删节）

齐鲁理工学院

QILU INSTITUTE OF TECHNOLOGY

大学生养成教育"六行动"之
社会调研（五）

报告名称： 齐鲁文化传播与影响调研报告

学生姓名： 杨姗姗

学　　院： 医学院

学　　号： 221081030221

班　　级： 2022 级医学影像技术（本）2 班

内容摘要

本次调研主要是针对齐鲁文化的传播情况进行调查和分析研究，了解不同地区、年龄段、教育水平的人群对齐鲁文化的认知状况，从而为齐鲁文化的进一步传播和发展提供有益的建议。

齐鲁文化因独特的地理环境、历史渊源和社会背景，在中华文化上下五千年的发展过程中，日益发展，逐渐成为中国的文化主流之一。齐文化和鲁文化的相互融合，成为一个极具包容性的文化体系，在当今社会发挥着重要作用。

以儒学为代表的齐鲁文化是中国传统文化的核心，对于当代政治、社会发展及社会主义治理体系的构建具有重要的借鉴意义。以当代社会主义建设的实践来审视齐鲁文化的当代价值、功能和作用，有助于我们对齐鲁文化的认识更具有时代性，有利于更好地挖掘和继承齐鲁文化中的积极成分，提升齐鲁文化的影响力，提高人们对传统文化的认同感和归属感，从而为文化建设提供思想基础和理论支撑。

前　言

齐鲁文化是中国传统文化的主体与核心，表现出自强不息、崇尚气节、经世致用、天下为公、诚信友善的基本精神，对当代政治和社会发展具有积极的意义。

在大教育的环境下，齐鲁文化相关教学在青少年的成长教育中，有着不可撼动的地位。虽然从表层看，齐鲁文化在全国大范围传播，了解的人多，但大多数人只是一知半解，并没有深入了解其中的文化底蕴。挖掘齐鲁文化的核心价值，进一步提升齐鲁文化的影响力，迫在眉睫。

本次调研主要调查研究了齐鲁文化的传播范围以及人们对文化的理解深度，深入发掘齐鲁文化的当代价值，为优秀文化的传播提供借鉴性建议。

正 文

一、调研的基本情况

（一）调研目的

齐鲁文化表现出自强不息、崇尚气节、经世致用、天下为公、诚信友善的基本精神，这些基本的政治价值和社会理念曾经有效地促进了中国传统社会的有序发展，对当今社会也具有积极的意义。

为了更好地反映齐鲁文化对当今社会的影响，本次调研主要调查人们对齐鲁文化的认知状况，从而为齐鲁文化的进一步传播和发展提供有益的建议。

（二）调研对象

被调查者年龄范围为 18 ～ 60 岁，其中 18 ～ 35 岁的人占 70%，36 ～ 59 岁的人占 20%，60 岁老人占 10%。其中受教育程度大多是大学本科或专科，小部分为硕士或未受过专业教育。

（三）调研方式

本次调查以问卷的方式进行，分为线上和线下两种形式。考虑到不同群体生活方式不同，老年人大多不会上网，所以采用这种形式可以避免调研样本出现偶然性，增强样本数据结果的有效性。

（四）调研数据分析

通过调研得到的数据见以下表格：

人群年龄 / 岁	人群占比 /%	了解人群的比例 /%	不了解人群的比例 /%
18 ～ 35	70	50	20
36 ～ 59	20	5	15
60	10	2	8
总计	100	57	43

通过调研得到的数据显示，57% 的人对齐鲁文化比较了解，43% 的人不了解或者一知半解。显然，文化教育在当代至关重要。作为齐鲁学子，我们应该积极传承优秀文化，扩大齐鲁文化的知名度，让更多人了解齐鲁文化。

（五）调研结果说明

一方面，大多数人对齐鲁文化有一定程度的了解，在众多代表山东的宣传语、俗语、诗词中，广为人知的是山东省原旅游局打出的旅游宣传口号："好客山东，文化圣地，度假天堂"，说明网络可以助推文化传播。

另一方面，中小学课本中涉及齐鲁文化以及儒家文化相关内容比较多，大部分是儒家经典《论语》《孟子》等。教师会在课堂上讲解齐鲁文化，但是有些人，特别是山东省以外的人，对于齐鲁文化的了解仅仅来自课本。

二、调研中发现的问题

（一）文化传播形式单一

人们了解齐鲁文化大多是通过学校教育，再者就是网络资源。影响人们对齐鲁文化认知程度的重要因素是生活环境，生活在齐鲁大地的人们在平时生活中或多或少受到文化的影响，而别的文化环境下的人们因为地理距离的远近以及自身地域文化的影响，对于齐鲁文化接触不多。

（二）文化的影响力

文化影响人们的交往行为和交往方式，儒学在山东有着广泛而深厚的社会基础，影响了一代又一代山东人。比如，山东人淳朴厚道，与人为善。同时，山东人的性格中也包含着故步自封、循规蹈矩的特点。

齐鲁文化的基本精神可以归纳为：自强不息的刚健精神、崇尚气节的爱国精神、经世致用的救世精神、人定胜天的能动精神、民贵君轻的民本精神、厚德仁民的人道精神、大公无私的群体精神、勤谨睿智的创造精神等。

三、解决问题的建议

（一）拓宽文化的传播途径

1.学校＋政府

教育是齐鲁文化传播最重要也是最主要的一个途径。教师在课堂上挑选的都是文化中最精华的部分，能够拓宽学生的知识面。政府或有关部门的宣传作为客观推力，发挥着重要作用。政府或相关部门的宣传力度还应进一步加强。

2.鼓励民间力量

成立各类民间社团，邀请当地民众一起开展齐鲁文化艺术表演。用当地民众喜闻乐见的形式进行文化交流学习。

3. 拓展线上平台

在我国深入实施创新驱动发展战略背景下，文化与科技的融合是大势所趋。依托网络智能 AI 和云技术拓展建立文化传播云平台。

4. 寻求认同共鸣

只有在互相欣赏和尊重前提下的真情实意的表达，才能引发情感共鸣。我们应该更加注重对中华优秀传统文化蕴含的思想道德观念、民族精神和人文情怀的深入挖掘，结合时代要求和对外传播趋势，从平实朴素的平民化视角，阐释和展示齐鲁文化的精髓。

（二）增强文化的影响力

1. 发挥政府主导作用

政府在社会资源的掌握和分配中具有其他组织不具有的优势，因此政府在增强文化影响力上发挥着重要作用。就文化建设来说，政府在文化资源的配置中起着主导作用，能够为文化事业与文化产业的发展提供坚实的政策保障和制度保证。因此，提升文化的影响力，首先要重视发挥政府的统筹规划、政策扶持、监管协调等功能，为齐鲁文化的传播和弘扬提供良好的政策保证和社会平台。

2. 利用文化事业与文化产业等载体

近年来，政府采取诸多措施来普及齐鲁文化。如各级各类道德讲堂、文化讲堂，当地会有许多代表文化特色的博物馆，如章丘博物馆里就有古老文明龙山黑陶文化。但博物馆具有地域限制，外省的人可能接触的机会不多，错过了了解齐鲁文化的机会。科技的发展可以弥补这一遗憾，现代科技 VR 技术可以实现异地观赏。建议博物馆建立网络平台，实现线上观览。

另外还有一种方式就是借助人物 IP，比如我们所熟知的孔子、姜太公、管仲等，将历史中的人物和典故转化为现代文化展现出来。这种方式可以有效宣传齐鲁文化，让更多人感兴趣，愿意去主动了解齐鲁文化，从而提升齐鲁文化的影响力。

3. 加强社会主义核心价值观教育

扩大影响力离不开人的精神的改造与提升，要以提高人的素质为支撑。所谓文化影响力，就是不能只让它存在于课本中，更多的是要内化为人自身的精神力量。可以把"山东精神"作为加强社会主义核心价值观教育的切入点。"山东精神"的主要内涵是"改革创新、开放包容、忠诚守信、务实拼搏、敢为人先"。这为齐鲁文化的传承和发扬树立了共同的价值目标和精神追求，也为地区发展树立了精神旗帜。

四、结语

战国时期，以稷下黄老道家、孟子几度游学于齐为契机，齐文化与鲁文化开始融合。孟子在齐国居住时间长达十几年，他的学术思想受到了稷下道家的熏陶。荀子在齐、鲁文化合流中也起到了关键作用。荀子兼顾齐学，因而丰富和完善了自己的儒学思想，同时又通过学术交流，把他的儒学思想在齐国文士阶层中传播开来。在诸如此类的背景下，齐文化和鲁文化走向融合，共同构筑了山东人的齐鲁文化。

学术界公认，中国传统文化不管内容多么复杂，其核心和主干是儒家文化与道家文化。孔子是儒家学派的创始人，尽管儒家文化经过孟、荀及汉儒屡次改造，特别是董仲舒的改造，被汉武帝定为独尊的儒术，但并非原来的孔子儒学，儒学已经被齐化，成了齐鲁两国文化的融合体。但是孔子的创建之功，是怎么也抹不掉的。

参考文献

［1］齐鲁文化的传播情况调查与研究：山东师范大学大学生创新创业训练计划项目［J］.北方文学，2019（27）：184-186.

［2］庄仕文.齐鲁文化的当代价值及其影响力提升探析［J］.理论观察，2016（3）：73-74.

［3］王志民.齐鲁文化概说［M］.济南：山东文艺出版社，2004.

齐鲁理工学院

QILU INSTITUTE OF TECHNOLOGY

大学生养成教育"六行动"之
社会调研（六）

报告名称：　针对留守儿童的家庭教育咨询题调研报告

学生姓名：　　　　　马慧茹

学　　院：　　　　　商学院

学　　号：　　　　191041010104

班　　级：　　2019 级贸易经济 1 班

内容摘要

留守儿童的家庭教育咨询题现在差不多成为一道社会性咨询题。基于课题需要和我们强烈的社会责任感，我们针对留守儿童咨询题在河南省新乡市延津县魏邱乡朱寨村进行了实地调研和走访。经过对留守儿童个案进行认真调研，对留守儿童的原始资料进行认真收集，我们掌握了他们的一些共性问题，也对他们的家庭教育咨询题有了清晰的了解，并撰写出调研报告。

前　言

朱寨村是一个经济相对落后，交通便利（有一条连接市区与村的主干道），村民以外出打工、种植业为主要经济来源的较为特殊的农村。该村有 1 000 人左右，外出务工人员约占 50%，留守儿童约占儿童总数的 57%。农民土地较少（每人约 7 分地），越来越多的农民工放弃了种田而挑选出外谋生，因而当地留守儿童的现象十分普遍。

正　文

一、调研的基本情况

（一）调研的目的

本次调研的目的是以留守儿童的家庭教育咨询题为视角考察留守儿童的生存现状，即透过留守儿童的家庭教育，折射出该地留守儿童的教育状况、生活状况、心理状况。在调研的基础上，本文分析了留守儿童的家庭教育需求，为留守儿童家庭教育咨询题的解决提出合理建议，以期为我们国家建设尽绵薄之力。

（二）调研的地点

河南省新乡市延津县魏邱乡朱寨村。

（三）调研的方式

线下采访和家访。

（四）调研的时间

2021 年 1 月 2 日至 2021 年 1 月 10 日。

（五）调研的过程

在当地居民、家长和政府的配合与帮助下，我们的实践队员与留守儿童进行了面对面的交谈和沟通，并深入典型留守儿童家中进行家访，到村里和村民家中走访。经过对留守儿童原始资料的收集以及对留守儿童个案的分析，从而展开调研。

二、调研中发现的问题

在调研中，我们发现留守儿童普遍具有三个基本特征：一是无人看管，缺乏监护；二是陪伴不够，缺少家教；三是远离父母，缺少关爱。

（一）生活方面

与其他孩子相比，留守儿童缺少父母的照应，容易在营养状况、躯体健康等方面受到影响。特别是在年幼的时期，孩子的养育、爱护显得更为重要。大部分留守儿童是由亲戚或隔代老人看管，有的留守儿童甚至实际上就没有监护人。

（二）心理方面

由于得到的亲情、情感和心理关心较少，许多留守儿童既缺少倾诉的对象，又很少与外界接触。在调研中我们发现，这些留守儿童实际上特别想和家人在一起，这是他们最大的心愿。由于不能和父母一起生活，久而久之，有的留守儿童就与家人产生了隔膜和陌生感，不同程度地存在心理上的封闭、情感上的冷漠，甚至行为上的孤僻等，容易出现性格上的缺陷和心理上的障碍。

（三）教育方面

我们在走访中得知，临时监护人对留守儿童学习的催促帮助不够、办法不当，甚至有的监护人对这些留守儿童放任自流，最终使这些留守儿童产生厌学、弃学的心理。农村孩子中留守儿童的小学时期入学率相对高一点，初中时期入学率则呈下降趋势，更有一些留守儿童产生只读完初中即可的想法。

（四）道德方面

在孩子成长过程中，家长的言传身教、潜移默化有重要的引导作用，往往会影响孩子的一生。由于不能经常和父母在一起，缺乏及时的指点和帮助，一些错误行为和做法不能及时得到纠正，留守儿童容易养成一些不好的品格。该地留守儿童比例达57%，是很大的隐患。

三、解决问题的建议

（一）家庭方面

父母加强与孩子的沟通，尽可能多找一些时间和孩子住在一起，为孩子营造一个良好的生活环境，不仅是满足孩子物质上和精神上的需求，更重要的是培养孩子科学的生活态度、正确的人生观和价值观；不要单方面看重孩子的学习成绩，更要注重孩子综合能力和素养的提升。针对农村留守儿童中单亲监护和隔代监护严峻的现实，向家长宣传正确的教育观念。家长和学校要紧跟形势的进展，通过开办临时监护人培训班来加强家庭教育指导。

（二）学校方面

1. 建立健全留守儿童档案

及时向监护人和外出务工家长通报孩子的成长情况，形成学校、家庭共同教育的局面。教师应承担起家长或监护人的部分责任，多与留守儿童交流谈心，给予留守儿童更多的关爱和正面引导。

2. 为家长与留守儿童沟通提供方便

可开通亲情热线电话，为外出务工家长与子女沟通提供方便。

四、结语

净化社会环境，加强对学校周边环境的监管力度，尤其是网吧、游戏厅、录像厅等。这种不良社会环境对自制力较差的儿童存在着很大的吸引力，容易使他们误入歧途。

总之，留守儿童的家庭教育咨询题是一道综合的咨询题，既牵涉教育方面，又关乎心理、生活等方面。这些咨询题假如不能得到及时的解决，不仅影响孩子的成长，还影响他们的父母能否在外安心工作，还会影响到社会的安全。所以，农村留守儿童教育及成长的出路就在于全社会能认识到这一咨询题的严峻性和重要性，从而使社会各阶层人士由自发、自觉到有组织地关爱、帮助、支持留守儿童，提高农村教育水平，加强对留守儿童的关爱和保护工作，为留守儿童的健康成长创造一个良好的社会环境，让祖国的花朵饱含着生机，期待着怒放的那一天。

参考文献

［1］张占勇.社会工作介入农村学前留守儿童家庭教养问题研究［D］.西宁：青海师范大学，2018.

［2］赵军明，孙继华，薛刚.河南省农村留守儿童文化信息获取现状及障碍因素分析［J］.农业图书情报学刊，2017（2）：138-141.

［3］曾红，黄文庚，黎光明.留守儿童人格特征与应对方式的关系［J］.中国学校卫生，2010，31（8）：956-957.

［4］张学春.留守儿童与非留守儿童教育成长分析［J］.济宁学院学报，2020，41（2）：83-90.

齐鲁理工学院
QILU INSTITUTE OF TECHNOLOGY

大学生养成教育"六行动"之
社会调研（七）

报告名称： 加快枣庄市红色文化发展的调研报告

学生姓名： 魏心茹

学　　院： 商学院

学　　号： 191041010117

班　　级： 2019 级贸易经济 1 班

内容摘要

红色文化是在革命战争年代，由中国共产党人、先进分子和人民群众共同创造并极具中国特色的先进文化，蕴含着丰富的革命精神和厚重的历史文化内涵。了解红色文化传承现状，对红色文化保护具有极为重要的作用。同样，重视红色文化建设，在建设社会主义和谐社会中构建和谐文化，要充分发挥红色文化在党的建设、思想道德和经济建设等方面的功用。发掘和利用红色文化独特的价值功能，不仅有利于坚持社会主义核心价值体系的实践性，还对打造具有中国特色和世界影响力的红色文化产业新品牌具有重要的促进作用。

前　言

枣庄是革命老区，拥有光辉的革命斗争历史。在这片土地上，成立过苏鲁支队、运河支队、鲁南铁道大队等十几支抗日武装，创建过抱犊崮、黄邱山套、滕峄边山区、微山湖区等抗日游击根据地；解放战争时期，中国共产党领导广大军民同国民党反动派进行了激烈的战斗。其间，涌现出王麓水、洪振海、马立训、陈金合、刘钢、鹿广连等许多可歌可泣的英雄人物。枣庄革命遗址众多且分散，目前影响力较大、知名度较高且开发利用效果较好的有：鲁南人民抗日武装起义纪念馆、北沙河惨案纪念馆、滕州市烈士陵园、中共滕县县委和滕县抗日民主政府旧址纪念馆、八路军抱犊崮抗日纪念园、鲁南抗日民主政权建设纪念园、铁道游击队纪念馆、运河支队记忆馆、老枣庄党建党史馆、中兴文化博物馆、国共谈判旧址"方屋"、陈毅作政治报告旧址、枣庄胜利渠教育培训基地、阴平"文峰烈火红色足迹"党史学习教育基地、峄州港运河红色港湾教育基地、台儿庄大战纪念馆、台儿庄贺敬之文学馆、台儿庄战史陈列馆等。

正 文

一、调研的基本情况

（一）调研目的和意义

红色文化是新民主主义革命时期留给我们的一笔宝贵的精神文化和物质遗产。沧海桑田，时代在前进，生活在变迁，红色优秀文化一直沉淀于历史并展现出永恒的强大生命力。红色文化中的理想信念、密切联系群众、艰苦奋斗、集体主义、爱国主义等功用，与时俱进地适应着现代和谐文化的需要和发展、创新。调查枣庄市红色文化对传承红色文化、拓展和谐文化建设资源都具有积极的意义，对社会主义现代化建设也有着不可磨灭的推动作用。

（二）调研时间

2021 年 1 月 1 日至 2021 年 1 月 7 日。

（三）调研地点

枣庄市文化局，枣庄市政府文化发展办公室，枣庄市委党校。

（四）调研方式

走进老党员、老革命家中进行访谈，从他们的经历中感受红色文化现状及其给时代带来的变迁。访谈法的开展对我们了解枣庄市红色文化的现状、发展与保护起到了极大的作用。

（五）调研过程

（1）准备阶段。

（2）实地调研。

（3）整理材料。

（4）撰写调研报告。

二、调研中发现的问题

当前，枣庄市在红色文化建设管理、开发利用等方面，做了大量卓有成效的工作，取得了一定的成绩，但是受多方面因素的影响，还存在一些不足，一定程度上阻碍了该市红色文化的进一步传承和发展。

（一）挖掘利用不够

枣庄是山东省内建党较早的地区之一，红色资源较多，但较为分散，其中

相当一部分红色文化资源分布在山区和农村，受环境、交通、资金等多方面因素影响，不少资源尚未得到有效开发和利用。

（二）名气影响不大

近年来，随着红色文化的传承与发扬受到重视，枣庄市也建设了不少纪念场馆。但是有些场馆面积狭小，内部设施欠缺，展出内容简单，文物保管措施不到位；有些场馆周围环境杂乱，基础条件较差，缺乏吸引力，很难引发社会关注。

（三）开发保护不足

随着经济社会发展，尤其是城乡建设改造力度逐步加大，许多重大事件遗址遗迹、重要博物馆受损，未得到充分保护和开发。

（四）宣传实效不强

枣庄市红色文化宣传方式虽然越来越多，但在新时代条件下挖掘红色文化不断延展的内涵方面仍有不足，对受众尤其是青少年心理了解不够，寓教于乐的方式方法单一。

三、解决问题的建议

（一）加大红色资源保护力度

红色资源是红色文化的载体和见证物，更是一种不可再生和复制的文化资源。建议对红色资源加强保护工作，坚持全面摸底、科学规划、合理开发的原则，对红色资源和红色文化进行稳步有序的保护和开发。对红色遗址遗迹进行再次普查摸排，借用大数据技术，形成红色资源数据库，实行动态管理，推动信息共享。加强资金扶持，对红色文化遗存进行全面保护修缮，鼓励和支持社会力量参与红色文化保护传承。加强制度建设，逐步形成红色文化和红色资源保护开发机制，真正让红色资源代代保护下去，让红色文化代代传承下去。

（二）加大纪念场馆建设力度

习近平总书记指出："革命博物馆、纪念馆、党史馆、烈士陵园等是党和国家红色基因库。"枣庄是一片红色热土，历史文化积淀深厚，红色革命遗址资源丰富，建议对具有重大影响力的革命遗迹、遗址建设纪念馆，挖掘图片、实物资料，充实纪念馆展览内容，宣传弘扬地方红色文化。对一些重大事件发生地尚未建设纪念馆或不宜建设纪念馆的，应该竖立纪念碑，像中兴公司可以将办公楼搬迁新址，然后以新中兴公司办公楼及周围建筑为基础建成枣庄中兴博物馆。

（三）加大红色文化宣传力度

要结合人工智能技术和网络新媒体，让红色文化通过视、听、触多维体验展示，增强感染力和实效性。一方面，要发挥新媒体在宣传红色文化中的作用，运用"互联网+"模式，积极开辟弘扬枣庄红色文化的专题、专栏、专版，创新红色文化传播方式，构建符合时代要求的红色文化传播平台；另一方面，要组织开展红色文化系统性挖掘整理和研究阐发，创作群众喜闻乐见的文化作品和影视作品，讲好红色故事，传扬革命精神，真正让红色文化活起来、传播开。

（四）加大红色旅游规划力度

坚持红色人文景观和绿色自然景观相结合，把革命传统教育与促进旅游产业发展相结合，规划和打造一批红色文化旅游基地、精品线路和精品景区，培育生成一批红色旅游项目和产品，激活枣庄市红色旅游市场。要突出铁道游击队纪念馆、八路军抱犊崮抗日纪念园等红色旅游品牌基地的示范效应，推动红色旅游与观光旅游、文化旅游、乡村旅游、生态旅游、民俗旅游、休闲度假旅游融合发展，形成以红色旅游为主题的多样性、复合型旅游产品和线路。

（五）加大协同发展探索力度

建立红色资源协同研发机制，形成宣传教育、文化传媒、广播电视、高校团体、文化企业等跨行业联合或以历史为脉络跨地区联动的模式，扩大红色资源品牌影响力。积极推动铁道游击队红色资源"薛城、市中、微山"三地共建，加强与临沂、济宁等周边地市的交流与合作，构建红色旅游一体化发展格局，将鲁南地区打造成为在全国叫得响的区域性红色旅游中心。把挖掘红色资源、保护"红色记忆"与全市美丽乡村、历史文化名镇（村）建设、乡村旅游、文化振兴等有机结合，用好用足红色元素，制作全市红色文化地图，制定红色旅游线路，探索助力乡村振兴发展新模式。

（六）加大当代资源挖掘力度

新中国成立以来，枣庄人民励精图治，砥砺奋进，推动经济社会各项事业取得了辉煌成就，为我们留下了一个又一个社会主义建设者的感人篇章。这些红色文化资源同革命战争年代红色文化一样，需要深入挖掘、继承和发扬，如枣庄工业遗存、农业发展典型、各条战线英模人物等。建议做好总体规划，深入挖掘整理，将枣庄市红色资源串珠成线、连线成片，形成具有枣庄特色的红色文化品牌。

四、结语

通过此次调研，我深入了解了枣庄市红色文化的发展现状，总结和剖析了红色文化在传承和发展中的不足，并询问了有关工作人员，认真严谨地提出了解决红色文化发展问题的建议。希望我的这篇调研报告可以让更多的人了解到枣庄市的红色文化，并保护它们，让红色文化代代传承下去。

参考文献

[1] 孙明春 . 枣庄市开发红色旅游项目　做强红色文化产业 [EB/OL]. 新华网，2010-11-16.

[2] 李磊 . 枣庄红色文化资源开发利用对策研究 [D]. 济南：山东大学，2009.

[3] 胡惠林，李康化 . 文化经济学 [M]. 太原：书海出版社，2019.

第三部分
成长故事

养成教育之爱党爱国学生典型事迹（一）

赵奎庆，男，汉族，共青团员，系齐鲁理工学院土木工程学院 2023 级土木工程 3 班学生。

自 2023 年入学以来，赵奎庆同学自觉参与和践行大学生养成教育工程，积极参与学校组织的各类思想政治教育活动，在"爱党爱国"主题学习中表现出色。作为一名始终怀揣全面发展梦想的大学生，他坚定不移地将"爱党爱国"作为自己的行为准则，用实际行动践行着对国家和社会的热爱。以下是他的主要事迹，作为养成教育申请认定理由。

一、学业精进，报国之志

怀着对祖国的热爱和对人民的责任感，他积极投身于社会实践和志愿服务活动。他曾参加社区义工服务，为社区的孤寡老人送去温暖与关怀，定期前往老党员家中帮忙打扫卫生，陪他们聊天，听他们讲述过去的故事。在与老党员相处过程中，他看到了他们对生活的热爱以及对国家发展的感慨，这也更加坚定了他为人民服务的决心。

▲ 赵奎庆同学慰问老党员

他还参与了学校组织的暑假"三下乡"活动。初到乡村，质朴的气息与村民们憨厚的笑容便深深打动了他。"三下乡"第一站是组织文化宣传活动。他和老师们精心布置场地，将一幅幅展现党的光辉历程与伟大成就的图片挂起来，那些画面仿佛将历史的长卷徐徐展开。在宣讲过程中，他满怀着崇敬与激动，向村民们讲述了党的故事，从新民主主义革命的胜利到社会主义建设的探索，从改革开放的伟大决策到如今迈向中华民族伟大复兴的征程，他看到村民们专注的眼神中闪烁着光芒，他们时而为革命先辈的英勇事迹而感叹，时而为国家的飞速发展而露出欣喜的笑容。那一刻，他真切地感受到文化传播的力量，也深知自己肩负着传承红色基因的重任。

▲赵奎庆同学参加"三下乡"活动

在学习过程中，他时刻将对党和国家的热爱与忠诚铭记于心，把个人的成长成才与党和国家的命运紧密相连。他深知，作为新时代的青年学生，唯有努力学习、锤炼本领，才能更好地践行爱党爱国的使命担当，为中华民族伟大复兴添砖加瓦。

面对学习中的艰难险阻，他毫不畏惧，以百折不挠的精神和积极乐观的态度奋勇向前，努力探寻解决之道，用实际行动彰显新时代青年的坚毅品质。经过不懈努力，他终于以优异的学习成绩在班级中脱颖而出。然而，他并未就此止步，而是积极参加各类学科竞赛，在实践中不断锻炼创新思维与动手能力。

在社会实践领域，他积极参与土木工程学院组织的各项活动，以饱满的热情和高度的责任感，为学校和学院的建设发展倾尽全力，用点滴行动诠释着对党和国家的无限热爱与忠诚。

二、注重养成教育，全面发展

在学校开展的大学生养成教育工程中，他积极了解养成教育的内容，在"自选好习惯"中自觉选择"爱党爱国"这一项目进行重点养成与实践，并制订了详细计划。他制订的养成计划中，主要有以下几点。

（一）研读红色经典，筑牢思想根基

他始终以严肃认真的态度积极参与学院组织的每一次党日活动，不仅踊跃参加各种红色主题讲座，还热情投入到读书分享会活动中。在这些丰富多彩的活动中，他通过聆听与交流，深刻体会到革命先辈们在艰难岁月中所做的种种艰难抉择，同时也深刻感受到他们身上展现的伟大精神与崇高品质。这些经历不仅让他对党的历史和理论有了更深入的理解，还激励他在平时的学习与生活中继续发扬这种不怕困难、勇于奋斗的精神。

（二）践行红色活动，传承精神力量

作为新时代的大学生，他深知自己肩负着重要使命，那就是将爱党爱国的文化与精神传承下去，并不断发扬光大。他积极参与学校组织的红色文化活动，努力成为一名文化传播使者。在这个过程中，他不仅深入学习党的历史与理论，还通过各种形式的活动，如讲座、展览和志愿服务，向同学们宣传与普及这些宝贵的文化遗产。他坚信，通过共同努力，可以将这些优秀的文化与精神代代相传，为社会的进步与发展贡献力量。

▲ 赵奎庆为同学们开展爱国主义宣讲

（三）加深红色感悟，砥砺强国之志

在积极参与红色经典研读与红色活动践行的过程中，他时刻进行深刻的自我反思与感悟升华。每一次与红色文化的深度接触，都被化作他内心深处对爱党爱国更为炽热且坚定的信念。他将从红色历程中汲取的智慧与力量，融入自身的成长规划与人生追求，立志在新时代的浪潮中，以实际行动为祖国的繁荣富强拼搏奋进，让青春在为党和国家的奉献中焕发出更加绚丽的光彩，用砥砺前行的决心书写无愧于时代的强国华章。

▲赵奎庆向当地优秀共产党员学习

三、发展自我，牢记使命

大学阶段是人生至关重要的成长时期，在此阶段，他深刻认识到自身思想发展的重要性，并将其视为关键任务。他始终致力于提升自己的政治思想觉悟，积极向党组织靠拢。自大一成为入党积极分子后，他便以一名正式党员的标准严格要求自己，无论学习、生活还是工作，都力求做到更好。在思想上，他始终保持积极向上的态度，不断学习党的理论知识，努力提高自己的政治素养。他深知树立正确的世界观、人生观和价值观的重要性，因此在日常生活中努力做到言行一致，以实际行动践行社会主义核心价值观。通过这些努力，他不仅在个人素质和能力上得到了显著提升，还在思想上更加坚定了对党的信仰，对社会主义事业的忠诚。他坚信，只有不断加强自身的思想建设，才能更好地为社会作出贡献，实现自己的人生价值。

四、结语

赵奎庆同学始终将"爱党爱国"作为人生指南针，这一准则不仅是他精神的灯塔，还是他行动的准则。对他而言，这四个字不仅仅是一句口号，而是深深植根于他内心深处的信念。这份信念如同一股强大的力量，支撑着他不断前行，无论是在顺境还是逆境中，他都能坚守自己的信仰，始终如一地为党和国家的事业贡献自己的力量。因为他知道，只有不断地努力奋斗，才能更好地践行"爱党爱国"的准则，才能为国家的繁荣富强和党的事业发展贡献自己的力量。

养成教育之爱党爱国学生典型事迹（二）

蓝朔晨，男，汉族，共青团员，系齐鲁理工学院智能制造与控制工程学院2023级电气工程及其自动化3班团支部书记。

自2023年入学以来，蓝朔晨同学自觉培育和践行大学生养成教育工程。他思想端正，爱党爱国，时刻谨记提高自己的思想觉悟水平，树立起了作为一名共青团员在班级内应该起到的模范带头作用。积极主动学习马克思列宁主义、毛泽东思想、邓小平理论、"三个代表"重要思想、科学发展观，全面贯彻习近平新时代中国特色社会主义思想。学习刻苦，工作认真，按时交纳团费，积极参加团组织的各项活动。在2023级新生军政训练中被评为"训练标兵"。

他凭借自己对事情的认真态度和对知识的努力学习，在大一年级，担任班级的团支部书记，认真完成上级组织下达的各项任务，确保班级青年大学习完成率为100%。在班级里开展了学习雷锋、学习齐鲁文化、纪念"五四运动"105周年等主题团日活动，引领班级同学积极向党组织靠拢，并且主动帮助同学解决困难疑惑。他所带领的班级团支部被评为"五星团支部"。在团委举办的团支书技能大赛中，他获得了"优秀技能团支书"称号。他在大一就递交了入党申请书，并通过自身在学习与实践等方面的综合成长，在大一下学期被选为入党积极分子，并荣获"2023年度优秀共青团员"荣誉称号。荣誉的背后，体现了他对党的理想信念的坚定坚守和贯彻落实，是对组织建设和个人培养成果的充分肯定。在团总支内，他积极参与组织各项活动，担任团总支第二课堂管理部部长，负责学院活动开展及审核，活动材料汇编整理等各项工作，曾举办并主持反诈宣传大会活动，给学院学生普及反诈知识，在工作中认真负责，践行吃苦在前、享受在后的精神。

▲ 获优秀技能团支书荣誉称号

▲ 获优秀共青团员荣誉称号

在学校爱党爱国养成教育的影响下，他成为学校的党务助理，积极参与学校的各项党务工作，负责整理党员台账、入党申请书、谈话记录和思想汇报等材料，同时帮助老师打印装订材料，工作认真负责，经常加班到很晚。他积极参与各类爱国主义教育活动，利用业余时间在学校宣讲党的历史和国家的发展成就，激发同学们的爱国热情。他坚持每天参与"学习强国"平台的学习，学习党的理论。随着年龄的增长，他深入了解国家的发展历程。通过阅读大量的书籍、观看纪录片和参加各种主题教育实践，他对党和国家的热爱愈发深沉。他深刻认识到，没有共产党就没有新中国，更没有今天的幸福生活。他不断提高自身的政治素养和思想觉悟，积极参加学校组织的党课学习、主题党日活动，认真聆听党的声音，汲取前进的力量。他还主动加入了学校的青年马克思主义者培养工程，与同学们一起学习、交流、探讨，共同进步。

爱党爱国养成教育也表现在蓝朔晨同学的日常生活中。他时刻以党员的标准要求自己，一年多来从未出现任何违纪问题。宿舍干净整洁，穿着节俭朴素，起到模范带头作用。蓝朔晨同学平时积极参与学校的各项活动，特别是与党团建设相关的活动。他主动向党组织靠拢，不断提高自己的政治觉悟和思想认识。在面对困难和挑战时，总是勇于担当，敢于创新。他敢于提出自己的想法和建议，敢于尝试新的方法和途径。

在学习方面，他深受爱党爱国养成教育的熏陶，上课认真听讲，积极发言，与老师和同学们互动交流，并担任多门学科的课程助理。他善于思考，勇于质疑，对所学的知识有着深入的理解和独特的见解。课后，他主动完成作业，广泛阅读各种书籍和文献，拓宽自己的知识面。他的成绩始终名列前茅，综合成绩排名保持在年级前 10%。

在爱党爱国养成教育的影响下，蓝朔晨同学走上了科研创新的道路。他参加了包括中国国际创新创业大赛、iCAN 大学生创新创业大赛、山东省创客大赛在内的多项大赛，并取得第十八届 iCAN 大学生创新创业大赛（山东赛区）二等奖和山东省大学生创客大赛一等奖的好成绩。在他的带领下，团队的活动和项目充满了创意和活力。他的这种精神，不仅为团队注入了新的活力，还为同学们树立了勇于担当、敢于创新的榜样。

通过爱党爱国养成教育学习，蓝朔晨同学受到了雷锋精神的启发，积极参与志愿服务活动。他参加了包括物资爱心捐献活动、暑期"三下乡"志愿服务、新生军政训练志愿服务等。他总是以饱满的热情和积极的态度投入志愿服务中。在甘肃地震面前，他第一时间响应号召，捐献衣服、书本、书包等爱心物资，用实际行动诠释了新时代大学生的责任与担当。在"三下乡"志愿服务活动中，他在指导老师的带领下，走进困难群众家中，关怀空巢老人，用自己的知识和爱心，为需要帮助的人们送去了温暖和希望。他牺牲自己的假期时间，提前来到学校组织迎新准备工作，在酷暑中一趟又一趟搬运物资，汗水打湿了他的衣服，他也毫不在乎。他的行动感动了身边的很多同学，也激励了班级内更多的同学自觉投身到志愿服务中去。

▲ 参观相公庄红色驿站

▲ 参与暑期"三下乡"社会实践服务队

　　蓝朔晨同学用自己的实际行动诠释了什么是爱党爱国的新时代大学生。他用自己的汗水和智慧为同学们树立了榜样，他用自己的言行和举止为班级同学传递了正能量。他有着明确的目标，并为之奋斗。他用自己的信念与努力谱写着绚丽的青春华章。

养成教育之爱党爱国学生典型事迹（三）

郭奕含，女，汉族，共青团员，系齐鲁理工学院商学院2023级会计学1班学生。

自2023年入学以来，郭奕含同学自觉培育和践行大学生养成教育工程，积极参与学校组织的各类思想政治教育活动，在"学党史、强信念、跟党走"主题学习中表现出色，坚定信念，知行合一，积极响应中国共产主义青年团的号召，担任班级团支书、商学院团总支组织部部长、党务助理，参加养成教育系列活动及社会实践活动，全面提升自己。

一、坚定信念，党魂永驻

该生热爱祖国，拥护中国共产党的领导，时刻关注党和国家的发展形势以及国内外的局势变化，积极向党组织靠拢。

该生通过每日坚持"学习强国"的学习，在思想上正视中国共产党领导下的新中国在改革开放中给人民带来的幸福，坚定了爱党信党拥护党的信念和情怀；对祖国的成就和文化感到自豪，拥有民族自尊心和自信心；不说有损党和国家形象的话，不做有损党和国家利益的事。

该生结合"四史"的学习，认真学习党的百年历史。通过学习，她深刻感悟到：只有坚持和发展中国特色社会主义才能实现中华民族伟大复兴；厚植爱社会主义的情感，就要增强中国特色社会主义道路自信、理论自信、制度自信、文化自信，坚定不移走中国特色社会主义道路；积极要求进步，树立了良好的人生观和道德观；深刻地体会党员所肩负的重责，时刻本着"全心全意为人民服务"的宗旨，以自己的实际行动来带动大家。

二、学史明智，知行合一

该生通过学习中华民族发展史、党史、新中国史、改革开放史、社会主义发展史，真正做到了从认知到认同到热爱。这份热爱，驱使着她作为一名大学生，以更加饱满的热情和坚定的信念投入学习和实践中去。

在学习上，该生深入钻研相关历史资料，不仅限于课本和课堂，还积极利用图书馆、网络资源，甚至参加学术讲座和研讨会，与专家学者交流和探讨。她努力将所学知识融会贯通，形成自己的见解和认识，为更好地传承和发扬中华优秀传统文化贡献力量。

在生活中，该生积极参加各类社团活动，如历史爱好者协会、青年志愿者组织等，通过组织讲座、展览、志愿服务等活动，向同学们传播历史知识，弘扬爱国主义精神。她还利用自己的专业优势，参与校园文化的建设，为营造积极向上的校园文化氛围贡献智慧。

在社会实践活动中，该生走访革命老区、参观革命遗址，深入了解红色文化，传承红色基因，学习沂蒙精神、革命精神等爱党爱国系列精神。她参观了中国共产党领导下的第一个省级政府——山东省政府，迈入司令部旧址，了解八路军 115 师在山东抗日战场上生活战斗的事迹；走进"红色堡垒村"马棚官庄铁道游击队纪念馆，深入了解抗战时期的历史背景和游击队员们的英勇斗争；踏入鲁东南革命烈士陵园，进行扫墓活动并擦拭烈士墓碑。通过这一系列的走访考察活动，该生深刻感受到了爱党爱国的力量；随后，该生制作相关视频新闻投放至社交平台，大力宣传当地的红色文化内涵，让当地红色文化焕发新的生机与活力。

▲ 在鲁东南革命烈士陵园进行扫墓活动

此外，该生还注重培养自己的综合素质和能力，不断提升自己的专业素养和领导能力。她积极参加各类竞赛和选拔活动，如演讲比赛、创新创业大赛等，锻炼自己的表达能力和团队协作能力。她还努力学习外语和计算机等技能，为更好地适应未来社会的发展需求打下坚实的基础。

三、积极入党，书写担当

该生于 2024 年 3 月被确定为入党积极分子。在校参加党课学习后，她深刻地体会到党员所肩负的重责，也深深知道理论与实践相结合的重要性，在行动上更积极地向党组织靠拢。

该生积极要求进步，在严格要求自己的同时，积极组织、参加有关活动，在党团工作中贡献自己的力量，在同学们中起到了模范带头的作用。她一直本着锻炼自我、服务大家的宗旨，以党员的标准严格要求自己，参与党建工作，帮助党员老师完成学生党员材料的一些基本工作，包括灯塔党建，协助开展"三会一课"，撰写新闻稿，整理毕业生党员和入党积极分子材料。她不仅在思想上积极入党，还以实际行动展现爱党爱国情怀。

该生积极参与学校活动，服从组织安排。她对自己承担的班级、团总支和学院党务助理的工作认真负责，热心努力。组织和协作成立大会，熟悉使用智慧团建、第二课堂"到梦空间"等软件，参与入团积极分子培训、团员谈话、材料汇编等工作。同时，在新学期开学之前，该生积极参与

▲ 为团员们进行团课宣讲

迎新工作，协助辅导员老师进行新生入学登记、行李托运、宿舍分配整理等工作。在活动中为老师和同学服务，贡献了自己的力量。

该生积极参加 2024 年暑期"三下乡"社会实践活动，并担任队长一职。同时，该生积极参加"青鸟计划 才聚沂蒙"社会实践活动。不仅如此，她还

多次参加学校的爱国主义教育志愿活动，如文祖社区志愿服务活动、防"艾"签字仪式和讲座、"南京大屠杀"观影活动、学习雷锋月活动等。

▲ 在临沂市莒南县参加"三下乡"社会实践活动

在当今时代，大学生作为即将撑起国家未来蓝图的支柱，他们的理想信念深刻地影响着国家的发展轨迹与社会的前进步伐。郭奕含同学在践行爱党爱国的高尚情操之路上，经历了一个由认识深化至认同，再升华至热爱的心路历程。她不仅将这份深沉的热爱内化于心，还外化于行，致力于成为新时代的积极践行者与建设者。她深刻意识到自己所承载的历史重任与时代使命，正以愈发昂扬的热情和坚定不移的信念，为推进中华民族伟大复兴的中国梦添砖加瓦，贡献自己的力量。

养成教育之勤俭节约学生典型事迹

杨博涵，女，汉族，共青团员，系齐鲁理工学院新闻与传播学院2023级播音与主持艺术2班副班长、学生会艺术团主持礼仪队干部。

自2023年入学以来，杨博涵同学自觉培育和践行大学生养成教育工程，受家庭环境的影响，养成了勤俭节约的好习惯。该生成绩优异，学习认真刻苦，时刻将勤俭节约融入学习、生活的每一个细微之处，不仅自身努力践行，还积极带动身边的同学，在班级中起到模范带头作用。以下是该生的一些典型事迹的概述。

一、识勤俭之重，养节约之心

该生的父母从小就教育她要珍惜每一粒粮食、每一件物品。饭菜虽然简单朴素，却饱含着父母的辛勤劳动，她每次都会认真吃完。这些看似平凡的细节都在该生心中种下了勤俭节约的种子。这颗种子逐渐发芽，使该生养成了许多良好的节约习惯。

二、践勤俭之行，从点滴开始

（一）节约粮食，光盘行动

该生在日常生活中，积极践行节约风尚，大学生食堂是该生日常就餐的主要场所。该生深知"粒粒皆辛苦"的道理，每次在食堂打饭时，都会根据自己的食量选择合适的饭菜，从不铺张浪费。食堂分为三层，该生经常选择在一二层进行就餐，价格实惠，又能节省时间，节省的时间还能进行学习。该生还养成了撰写手账的好习惯，对自己每天的消费进行记录，方便整改不良行为，时刻将勤俭节约落实到生活中。

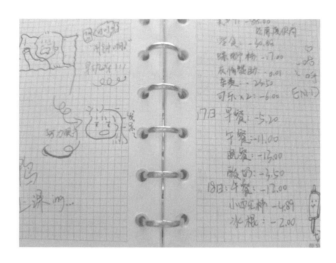

🔺 手账部分内容

该生积极参与"尽职在餐厅，畅享美食时"志愿者活动，提醒身边朋友和在餐厅就餐的同学节约粮食的重要性，促使周边同学积极加入"光盘行动"中来，养成珍惜粮食的好习惯。该生还组织开展以"节约粮食，从我做起"为主题的养成教育分享会，呼吁班级同学珍惜每一口食物，共同营造节约型校园。

🔺 组织开展以"节约粮食，从我做起"为主题的养成教育分享会

（二）精打细算，合理规划生活费用

该生会制定详细的月度预算，将生活费分为饮食、学习用品、日常用品等几个部分，并严格按照预算执行。在购买衣物时，该生总会货比三家，仔细比

较不同店铺的价格和商品质量，选择性价比较高的产品；在外出吃饭时，该生通常会在美团、抖音等平台购买团购券，相同的食物也可以节省不少钱。该生常说："钱要用在刀刃上，不能因为一时的虚荣而盲目消费。"通过这种精打细算的生活方式，该生不仅培养了理性消费习惯，获得更高的消费满意度，还积攒了可观的金额，减少对金钱的焦虑，使得生活更加有序，提高了生活的整体品质。

（三）节约水电，践行绿色生活

在宿舍生活中，该生时刻牢记节约水电资源，养成了随手关灯、关水龙头的好习惯，每次离开宿舍时都会检查电器是否关闭，水龙头是否拧紧，确保没有水电浪费的情况。该生积极参与"节约用水"主题活动，通过活动进行节水宣传，让更多人养成节约水电资源的习惯。该生在出行时，通常采用公交车、共享电车等交通方式，践行绿色出行。

▲ 参加"节约用水"主题活动

（四）变废为宝，创新资源利用

该生积极参与手工制作活动，利用废旧的物品进行改造，经过巧妙的构思和精心的制作，创作出一件件独具匠心的手工艺品。该生会将废弃的饮料瓶制作成简易的花瓶和收纳盒，用来装饰宿舍和存放杂物；将旧衣物裁剪后缝制成环保购物袋，既减少了塑料袋的使用，又时尚环保。这些创意不仅增添了艺术氛围，还激发了创新思维和环保意识。

▲ 制作的简易花瓶

三、扬勤俭之风，向社会延伸

（一）学习资源的节约与共享

在学习过程中，该生十分注重资源的节约与共享。该生会充分利用学校图书馆的资源，借阅与专业课程相关的书籍和期刊，认真阅读学习，做好笔记，对于一些难以理解的书籍，会与同学协商讨论。这样不仅节省了时间，还增进了同学之间的交流与合作。此外，该生还积极参与学习小组活动，与同学们分享自己的学习心得和学习资料，共同探讨学习中遇到的问题，提高学习效率。该生认为，学习资源的共享是一种双赢的模式，能够让更多的同学受益，同时也避免了资源的浪费。

（二）在赛事中传播节俭理念

该生在大一下学期积极参与中国国际大学生创新创业大赛（2024），其项目是关于大棚种植方面的。该生在调研过程中时刻坚持节约、不浪费的习惯，并且呼吁小组成员重视节约的品质，合理处置在大棚种植基地调研时用到的瓜果蔬菜，杜绝浪费。勤俭节约意识的养成不仅节省了小组前期备赛的资金，还为小组取得中国国际大学生创新创业大赛（2024）及2024年"建行杯"山东省大学生创新大赛奖牌作了铺垫。

2024年，该生还参加了山东省大学生公益创新大赛。在大赛中，该生积极提供建议，将勤俭节约与项目融合在一起，将大棚的性能改进完善，节省用户的原材料购买资金，扣紧了公益主题，使得该小组在该项创新大赛中获得一等奖。

▲ 获山东省大学生公益创新大赛一等奖

（三）在社会实践中传播节俭理念

该生在2024年暑假期间参加实习工作，并依然坚守着勤俭节约的原则。该生所在的工作岗位是儿童乐园的一名活动老师，将勤俭节约作为主题开展活动，引导小朋友们从小就养成勤俭节约的习惯。在日常工作中，该生总是以身作则，倡导同事们节约用电、用水、用纸等资源。该生会主动关闭办公室无人使用的电器设备，如电灯、电脑、打印机等；在用水时，他会尽量控制水流大小，避免浪费；在打印文件时，他会先仔细校对内容，确保无误后再进行打印，并且尽量采用双面打印，减少纸张的消耗。

▲ 与小组成员在图书馆探讨勤俭节约与项目融合问题

▲ 与小组成员开展社会调研

▲ 在儿童乐园实习

四、守勤俭之德，与未来相望

在勤俭节约的道路上，收获的远不只是物质的节省，更是内心的富足与成长。它如同一盏明灯，照亮我们前行的每一步，让我们懂得珍惜当下的每一份资源，感恩生活中的每一次机遇。

回顾过往，该生以点滴行动诠释着勤俭节约的真谛，从精打细算的生活开销到对学习资源的高效利用，从对物品的精心呵护到对时间的精准把控，每一个选择的背后，都是她对生活敬畏、对未来负责的态度。

展望未来，该生将继续秉持这一美德，使其在岁月的长河中熠熠生辉。该生会把勤俭节约的理念融入更大的梦想追求中，无论是在学术的海洋里继续探索，还是在社会的舞台上崭露头角，都以它为基石，构建坚实的人生大厦，让勤俭节约成为人生最亮丽的底色，书写出更加精彩且富有价值的篇章。

▲ 获2024年第六届全国大学生语言文字能力大赛省赛三等奖

养成教育之知行合一学生典型事迹

高舒悦，女，中共预备党员，汉族，现任2022级新闻学1班宣传委员，新闻与传播学院学生会团总支副书记、组织部部长。在班级中负责各种第二课堂活动的宣传工作、班级文化的建设，同时协助其他班委完成各项工作，如帮忙组织活动以及收集材料。

自2022年入学以来，高舒悦同学在学习成绩方面三次获得新闻学专业绩点第一，两次获得学院绩点第二，先后获得校级"优秀学生会干事"、校级"优秀学生"、课程助理三等奖学金，获得2024年全国大学生英语竞赛省级三等奖、第七届大学生环保知识竞赛优秀奖、第五届全国大学生职业发展大赛初赛一等奖、高校青年大学生普法知识挑战赛初赛一等奖。该生不仅在学校进行"知"的学习，还将课堂上学到的专业基础知识和政治理论知识应用到实际生活中，真正做到了知行合一。

一、理论学习情况

自2022年入学以来，该生自觉培育和践行大学生养成教育工程，始终保持积极向上的学习态度，认真严谨地对待每一堂课，认真做好课堂笔记，充分利用课余时间学习专业知识，取得了自入学以来五个学期中有三次获得新闻学专业绩点第一、四次班级绩点第一、两次学院绩点第二的优异成绩。同时在课程中连续两年担任课程助理，积极配合任课老师的工作，认真解答同学们上课提出的问题，大二下学期获得课程助理三等奖学金，得到老师和同学们的一致好评。在学好专业课的同时，该生还积极参加技能证书资格考试，通过自身的刻苦学习，做好个人的学习计划，保质保量地完成学习进度，现在已经顺利拿到普通话二甲证书和英语四级证书。在空余时间里，该生经常在图书馆或通过上网的方式查阅资料来充实自己，课外长期坚持自学，及时补充课堂知识的不足，拓宽了视野，丰富了知识。大二下学期该生在参加认识实习课程期间，新闻学专业全体同学跟随带队老师先后参观学习了章丘融媒体中心和山东百脉泉酒业股份有限公司。参观学习后，该生按照老师要求完成了两篇认识实习的新闻稿，实习作品获得了"优秀"的考核等级。

二、思想学习情况

经过学习上的努力和思想上的进步，该生在大一下学期就成功入选为教育（新闻与传播）学院第三十四期入党积极分子，在大二就成为一名光荣的中共预备党员。因为该生不仅加强对专业理论知识的学习，还进行了马克思主义政治理论和党建党史的学习，将知行合一贯彻到底。自加入"学习强国"学习平台以来，该生每日坚持学习40分以上，目前"学习强国"积分已经突破4万积分，位列班级学习组织积分榜第一，年度积分达到14 028分，年度积分在学习组织里位列第一，平均每日学习时长超过1小时，在四人赛组织排行榜中达到了206次竞赛学习记录。该生始终坚持积极主动利用碎片时间进行学习，也会经常分享自己的学习心得和体会，鼓励大家积极参与"学习强国"学习平台的各项活动和挑战赛，展现了良好的学习态度和毅力。同时，该生的学习内容不仅限于时政新闻、理论学习，还广泛涉猎科技、文化、历史等多个领域，知识面广泛。

▲ "学习强国"积分

三、实践实习情况

大学的生活不仅仅以学习为目的，更要积极参与社会实践和实习活动，锻炼自己的实践动手能力。2024年暑期期间，该生在山亭区委宣传部新闻科实习，前期负责稿件的背景材料收集，中期开始参与编辑和起草稿件。为了更深入地了解两个经开区的合作情况，该生随同宋科长前往两地进行实地走访，观察它们的产业布局、基础设施建设以及企业发展状况，于 2024 年 8 月 5 日在山亭融媒体平台发表《山亭经开区"携手"即墨经开区谱写新篇章》。后期对于山亭区梅园社区充电设施的改善情况进行跟踪报道，多次跟随宋科长前往梅园社区进行实地考察，查看当地社区充电设施的配置、改善情况以及存在的问题，并在大众新闻客户端发表《山亭区梅园社区办好这"桩"实事解决充电难》，并于 2024 年 8 月 9 日在《山亭周讯》进行了刊发。2024 年 8 月 19 日，该生联合采访的《"一件事一次办"助力项目"快开工"》在《枣庄日报》上联名发表。几次实地调研考察让该生真正感受到所有的新闻报道都要坚持从群众中来、到群众中去，唯有躬身实践，坚持养成知行合一的好习惯，真正和他们进行访谈和沟通才能写出一篇好的新闻稿件。

暑期实习证明

　　兹证明，齐鲁理工学院新闻与传播学院 2022 级新闻学专业学生高舒悦同学，于 2024 年 8 月 1 日至 2024 年 8 月 16 日期间，在中共山亭区委宣传部新闻科圆满完成了为期两周多的暑期实习任务。

　　在实习期间，高舒悦同学展现了高度的责任心与专业素养，她积极适应工作环境，迅速融入团队，对待每一项工作任务都认真负责，能够按时保质完成。在新闻采编、稿件撰写及活动策划等方面，展现出了较强的学习能力和实践能力，多次提出创新性的意见与建议，为科室工作增添了活力与亮点，赢得了大家的一致好评。

　　高舒悦同学在本次暑期实习中表现优秀，不仅提升了个人的专业技能与综合素质，也为我单位的工作贡献了积极的力量。我们对其未来的学习与职业发展寄予厚望，并愿意继续为其提供必要的支持与帮助。

　　特此证明。

中共枣庄市山亭区委宣传部
2024 年 8 月 19 日

🔺 实习证明

科技人才叠加赋能。 利用中国最大"AI+制造"解决方案供应商——创新奇智科技集团的领先技术，帮助山亭博雷顿、嘉富显示等企业技术改造。在山亭建材企业中，推广青岛维特沃斯的衡器及无人值守称重、定量装车系统等。同时，山亭职业中专与奇瑞控股集团合作成立产业学院，培养工业机器人、维修质检、新能源等技能人才，持续向即墨奇瑞青岛工厂等产业基地输送，推动双方资源、生态、开放优势转变为产业、经济、发展优势。（通讯员 马鹏程 高舒悦）

🔺 担任通讯员的证明材料

▲ 在《枣庄日报》上联名发表的文章

▲ 正在进行社会实践

智能充电桩正式投入使用后，减少了飞线充电的安全隐患，小区环境秩序也得到了极大提升。为居民创造了一个安全、整洁的生活环境，而共享充电桩的安装则进一步提升了居民的生活品质，让他们享受到了便捷、高效的充电服务。

大众新闻记者 张环泽 通讯员 高舒悦

责任编辑：苏子龙

▲ 担任大众新闻通讯员

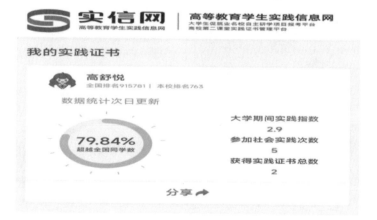

▲ 学生实践信息

同时，该生大二期间积极参与第二课堂活动，拓宽个人能力，"到梦空间"已经收获 32 积分，先后参加清明节假期安全教育、教育（新闻与传播）学院植树节活动、迎接学生返校志愿服务活动、"3·5"学习雷锋月活动仪式、参观党史馆活动、歌手大赛志愿者活动、齐鲁理工学院"保护母亲河"青少年绿植领养活动、纪念"五四运动"105 周年暨 2023 年度"五四"表彰大会、素质拓展活动、青马工程以及庆祝新中国成立 75 周年特别主题团日活动等多项志愿服务活动，还担任双选会工作人员、"五四"评优观众、勤俭节约手工展志愿者。因参与实践活动期间表现优秀，该生在"五四"评优期间获得了优秀学生会干事、优秀学生等称号。在校学生会工作时，该生参与过篮球比赛志愿者执勤、大三体测执勤、校园卫生检查等多类志愿服务活动，也获得了优秀部员称号。

大一暑假期间，该生在学校通过参加勤工助学活动，学习到许多课堂上学不到的东西，体会到和同学一起团结一致努力得来的劳动成果。同时，该生积极参与竞赛活动，将知识理论学习转化成实践，获得了 2024 年全国大学生英语竞赛省级三等奖、第七届大学生环保知识竞赛优秀奖、第五届全国大学生职业发展大赛初赛一等奖、高校青年大学生普法知识挑战赛初赛一等奖。

▲ 参加各种竞赛活动获奖证书

四、结语

　　该生在校期间一直秉持知行合一的理念，不断提高个人的综合素质。目前，该生积极参与大学生职业生涯规划大赛，未来还会激励着自己不断进步，勇往直前。该生选择了养成教育二十项好习惯中的"知行合一"项目。在进入齐鲁理工学院学习实践的经历中，该生也将知和行结合起来，全面发展自己，既在实践课程中获得优秀考核成绩，也找到了实习工作锻炼自己，得到奖励证明。在这两年的学习生活中，该生在各个方面都取得了巨大的进步，综合素质得到了很大的提高。

养成教育之认真严谨学生典型事迹

李韩松，男，汉族，共青团员，系齐鲁理工学院计算机与信息工程学院2022级数据科学与大数据技术1班卫生委员。

自2022年入学以来，李韩松同学自觉培育和践行大学生养成教育工程，积极参与学校组织的各种养成教育好习惯活动，思想积极向上，严格遵守学校规章制度，学习成绩优异，敢于创新，积极参与社会实践服务活动，注重综合素质培养，在学习、工作和生活中取得显著成绩。在学习的道路上，该生凭借认真严谨的态度与勤奋刻苦的精神，成为大家竞相学习的榜样。在养成教育的培育和践行过程中，该生通过养成教育经验分享、质量体验、实践感悟等方式，对这些良好习惯有了更深入的认识和感受。

一、认真严谨是成功的基石

认真严谨是一种全身心投入、高度负责且不放过任何细微之处的行事风范。李韩松同学通过参加学校组织的养成教育自选好习惯活动，深刻认识到认真严谨的好习惯对大学生成长成才的重要意义。他积极参加主题班会、学科竞赛等活动，以自己的实际行动践行"认真严谨"四个字。李韩松同学认为，只有在日常生活和学习中始终保持认真严谨的态度，才能在学习和生活中把握人生方向，成为一名新时代优秀的齐鲁文化孕育下的理工生。

自踏入校园的那一刻起，李韩松同学便对学习燃起了极高的热情，并始终抱以极其认真的态度。在他眼中，每一门课程都是一次充满惊喜的知识探索之旅。他从不满足于表面的了解，而是深入钻研，力求掌握每一个知识点的精髓。

认真严谨，是他的态度，一种对工作、学习和生活高度负责的态度。认真，意味着专注、投入，不敷衍塞责，不放过任何一个细节。严谨，意味着精确、严密，不马虎大意，遵循科学的方法和规范。认真严谨的人，对待每一件事情都如同对待一件艺术品，精心雕琢，力求完美。他注重细节，善于发现问题，并及时加以解决，严格要求自己，不断提高自己的标准，追求卓越。

⚫ 李韩松同学正在认真严谨地修改实验代码

认真严谨不仅仅是他的行为表现，更是一种深入骨髓的内心品质。它源于对自己的高度尊重，对他人的认真负责，对事业的强烈热爱。只有当一个人真正从内心深处领悟到认真严谨的重要意义，并将其融入自己的思想和行动中，内化于心、外化于行，才能在各个领域取得令人瞩目的优异成绩。

在课堂上，他总是早早地来到教室，选择前排的位置就坐，以便能够更加认真地聆听老师的讲解。他的目光紧紧锁定在黑板上，手中的笔如同灵动的精灵，不停地记录着老师讲授的重点内容。无论是复杂晦涩的理论公式，还是细腻入微的文学赏析，他都以一种"打破砂锅问到底"的精神，力求理解得透彻清晰。当遇到疑惑不解的问题时，他从不犹豫，果断地举起手向老师请教，直到心中的疑团完全消散。他的课堂笔记堪称完美的典范，字迹工整秀丽，条理清晰明了，不仅详细记录了老师所讲的知识点，还会在旁边附上自己的思考感悟和疑问困惑，为课后的复习和深入研究提供了极大的便利。

课后，他对待作业的态度更是认真严谨。每一道题目他都会认真仔细地进行分析，运用所学的知识进行严谨的解答，坚决杜绝抄袭或敷衍了事的行为。完成作业后，他还会反复检查，不放过任何一个可能存在的错误，确保答案的准确性和完整性。对于一些需要进行实践操作的课程，他

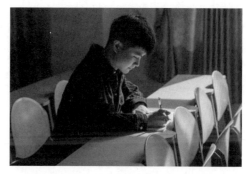

⚫ 李韩松同学正在认真严谨地书写实验报告

会提前做好充分的准备工作，严格按照实验步骤进行操作，仔细观察并记录每一个数据的变化，哪怕是极其细微的波动也绝不放过。这种严谨的治学态度，

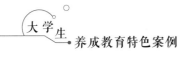

使得他在学业上屡创佳绩，每学期的成绩都名列前茅。

二、争当注重品质的践行者

（一）认真的能力

认真，乃是认真严谨的基石。唯有能够全身心地投入到一件事情当中，才有可能真正做到认真严谨。李韩松同学深知这一点。因此，他格外注重培养自己的专注力。为了创造一个良好的学习和工作环境，他总是努力保持周围环境的整洁与安静，尽可能地减少一切干扰因素。他会选择一个专门的学习或工作空间，将其布置得简洁舒适，让自己能够在一个相对独立、安静的环境中认真完成手头的任务。

在开始一项任务之前，李韩松同学会先明确自己的目标和计划，将庞大而复杂的任务分解成一个个具体的小步骤，然后按照预定的计划有条不紊地逐步推进。他深知，明确的目标和详细的计划是保持认真的关键，能够帮助他避免在任务执行过程中因目标不清晰而产生的分心和迷茫。

此外，李韩松同学还采用了一些有效的学习和工作方法来保持认真。例如，他熟练运用番茄工作法，将工作时间划分为若干个 25 分钟的时间段，在每个时间段内，他会全身心地认真完成一项任务，不受任何外界干扰。每完成一个 25 分钟的工作时段，他会给自己安排 5 分钟的休息时间，让大脑得到适当的放松和调整，以便更好地投入下一个工作时段中。通过这种方式，他不仅提高了工作效率，还显著增强了专注力，更深刻诠释了认真的含义。

认真，需要强大的意志力作为支撑，因此他十分注重锻炼自己的意志力。他坚持每天早起，无论天气如何恶劣都从不间断；坚持每天进行适量的体育锻炼，不断挑战自己的身体极限。通过这些看似微不足道的小事，他逐渐培养起了坚韧不拔的意志力，为他在学习和工作中保持高度认真提供了坚实的保障，也为他在各类竞赛和实践活动中获得各种奖项提供了条件。

（二）注重细节

细节决定成败，这是李韩松同学始终坚信的真理。在学习、工作和生活的方方面面，他都养成了关注细节的良好习惯，绝不放过任何一个看似微不足道的小问题。

为了提高自己的观察力，他会刻意地观察周围的事物、人物和环境。他会在闲暇时间进行一些观察力训练，如仔细观察一幅画的色彩搭配、线条构图，或者观察一个场景中的人物表情、动作细节等，然后用文字将自己所观察到的细节准确地描述出来。通过长期的训练，他的观察力变得敏锐而细致，能够发现许多别人容易忽略的细节。

他还养成了检查的习惯。在完成一项任务后，他不急于提交或结束，而是要认真检查一遍，确保没有错误和遗漏。制定一个检查清单，按照清单逐一检查，确保每一个环节都符合要求。

他以认真严谨为追求，不断提高自己的标准。在学习、工作和生活中，他不断地反思自己的行为和结果，寻找不足之处，并加以改进。

（三）严格要求自己

他对自己要求非常严格，不断地挑战自己，超越自己，追求更高的目标。在学习、工作和生活中，他制定高目标，不断挑战自己的极限，激发自己的潜力，让自己更加努力地去追求卓越。

他常常通过写日记、制订计划等方式，建立自我监督机制，对自己的行为进行监督和反思，及时发现自己的不足之处，并加以改进。

此外，他还非常虚心地接受他人的监督和批评。他明白，自己的视野和认知是有限的，他人的意见和建议往往能够帮助他从不同的角度看待问题，发现自己的不足之处。因此，他总是积极主动地向老师、同学和朋友请教，认真倾听他们的意见和建议，并虚心接受他们的批评。他会将这些宝贵的意见和建议视为自己成长的动力，不断地改进自己，提高自己。

（四）持续学习和进步

在当今这个快速发展、知识和技术不断更新换代的时代，他深刻地认识到持续学习和进步的重要性。他始终保持着一颗求知若渴的心，不断地学习新知识，提升自己的水平。

兴趣是最好的老师。他总是对学习充满兴趣，主动地去学习，制订一个合理的学习计划，明确自己的学习目标和步骤，按照计划逐步实施。他可以将学习计划分为短期计划、中期计划和长期计划，根据自己的实际情况进行调整。

他总是将多种学习方式结合起来，并根据自己的学习需求和特点，选择适

合自己的学习方式，进而提高学习效果。学习的目的是应用，他总是将所学的知识和技能应用到实际生活中，学以致用，不断地实践和总结，提高自己的应用能力。

三、结语

认真严谨，是一种品质，是一种态度，是一种习惯。它是成功的基石，是卓越的保障。李韩松同学凭借其认真严谨的态度，在各类竞赛和实践活动中取得了优异的成绩，获得了众多荣誉。在山东省大学生科普创新设计与展示大赛中荣获三等奖，在山东省大学生光电设计科技创新大赛中荣获二等奖，获得共青团单县委员会、共青团单县浮岗镇委员会颁发的"雷锋精神我传承，青春闪耀新时代"社会实践证书，获得共青团单县委员会、共青团单县龙王庙镇委员会颁发的大学生寒假"返家乡"社会实践证书，在菏泽市商务局、菏泽市发展和改革委员会、菏泽市农业农村局举办的大学生"乡村振兴·青春笃行"创新创业大赛中荣获一等奖，在菏泽市人力资源和社会保障局举办的菏泽市首届"共筑青春·展梦未来"大学生职业规划大赛中荣获一等奖，在共青团单县委员会组织的大学生暑期"返家乡"社会实践活动中获"优秀大学生"荣誉称号。

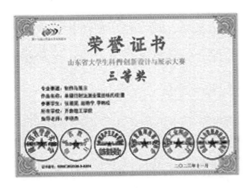
▲ 山东省大学生科普创新设计与展示大赛三等奖

▲ 山东省大学生光电设计科技创新大赛二等奖

● 暑期"返家乡"优秀大学生荣誉证书

● "乡村振兴·青春笃行"创新创业大赛一等奖

● "共筑青春·展梦未来"大学生职业规划大赛一等奖

● 寒假"返家乡"优秀大学生社会实践证书

在李韩松同学的世界里，认真严谨已经成为一种习惯、一种生活态度。他用自己的行动影响着身边的人，让大家明白只有在每一个细节上都做到精益求精，才能在学习、工作和生活中取得更大的成就。他将继续秉持这种认真严谨的态度，不断追求卓越，书写属于自己的精彩人生。

养成教育之阅读经典学生典型事迹

张心怡，女，汉族，共青团员，系新闻与传播学院 2023 级播音与主持艺术 1 班班长。

自 2023 年入学以来，张心怡同学自觉参与和践行大学生养成教育工程，积极参与学校举办的各类文学素养提升活动，注重培养阅读经典的好习惯。在日常生活中，该生不仅深谙书中奥义，还将所学所悟巧妙融入实践之中，实现了"读"以明智、"写"以抒怀、"讲"以传扬、"行"以笃实的完美结合。

一、"读"以明智

（一）阅读经典，撰写笔记

该生在日常生活中，展现出了对知识的无限渴望与尊重。该生坚持每日踏入图书馆进行学习，这一行为不仅极大地丰富了自身的学识底蕴，还如一股清流，引领并鼓舞着周围的同学步入图书馆，促进了同学们良好阅读习惯的养成。书架上，《朗读者》的温暖文字、《复活》的深刻反思、《乡土中国》的乡土情怀以及《资本论》的经济洞见，都是该生阅读的见证。该生不仅细细品味每一本书的精髓，还养成了撰写读书笔记的好习惯，至今已累计超过百篇，每一页都密密麻麻地记录着该生的思考、感悟与心得。

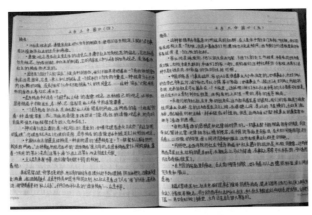

▲ 阅读《乡土中国》的读书笔记

在深入研读的过程中，该生对《红楼梦》这部中国古代文学的巅峰之作投入了极大的热情。从贾宝玉与林黛玉的爱情悲剧，到王熙凤的精明强干，再到大观园的繁华与落寞，该生都能从中捕捉到丰富的文学情感与深刻的人生

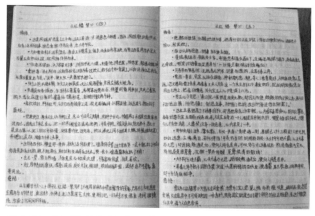

⬆ 阅读《红楼梦》的读书笔记

哲理。该生对阅读经典的热爱不仅体现在校内学习生活中，在假期也一直坚持阅读的好习惯，沉浸在知识的海洋中，不断充实自我。

（二）积极参与阅读活动

该生在学习之余经常参与我校图书馆所举办的一系列文化活动，如"抄书接力，同写红色经典"。该生在抄写台认真抄写经典篇章，与同学们共同接力，不仅加深了对红色经典的理解，还激发了大家对革命历史的共鸣与敬仰。在"'阅'见你——图书借阅大赛"中，该生积极借阅经典书籍，脱颖而出，不仅展示了个人阅读的广度与深度，还以其热情感染了周围的同学，带动了整个校园的学习氛围。通过这些活动，该生不仅加深了对经典的理解，还深刻感受到了文字背后承载的厚重历史与温暖情感，让经典文化的魅力在校园的每个角落绽放，激发了更多学子对阅读的热爱。

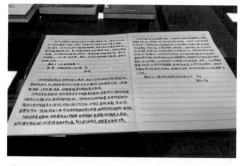

⬆ 参加"抄书接力，同写红色经典"活动抄书的照片

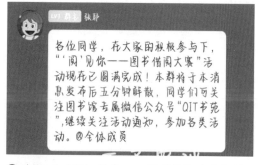

⬆ 参加"'阅'见你——图书借阅大赛"的通知

（三）阅读与专业相结合

该生在日常生活中，对文字钻研保持着极高的热情，广泛涉猎包括专业书籍在内的多种读物，致力于将所学知识与自身专业紧密融合。该生不仅在理论上深入探索，还勇于实践，将书中习得的发声技巧、情感表达方法以及对象感等宝贵经验，灵活应用于各类专业比赛中，取得了显著成绩。

在大学生职业生涯规划大赛上，该生凭借出色的表现荣获校级铜奖，展现了自己的职业规划能力与专业素养。此外，在第三届大学生普通话大赛中，该生凭借标准流利的普通话和出色的表达能力荣获三等奖，进一步证明了该生在语言艺术方面的扎实基础。在儒家经典诵读跨语言年度盛典中，该生不仅担任了礼仪一职，将所学的礼仪知识精确无误地付诸实践，赢得了广泛赞誉，还积极参与了诵读比赛。该生深入研读儒家经典，将书中的智慧与情感融入诵读之中，最终荣获网络人气作品和经典传颂人称号，展现了该生在文化传承与创新方面的卓越才能。

▲ 大学生职业规划大赛的获奖证书

▲ 第三届全国大学生普通话大赛的获奖证书

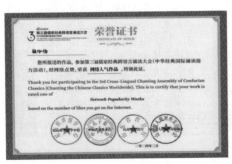

▲ 第三届儒家经典跨语言诵读大会网络人气作品的获奖证书

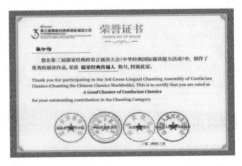

▲ 第三届儒家经典跨语言诵读大会经典传颂人称号的获奖证书

在迎新志愿者活动中，该生更是将所学知识融会贯通，并无私奉献于师弟师妹们的成长之中，为他们树立了榜样。该生为师弟师妹们审核、修改朗诵稿件，耐心钻研文字，还亲自带领他们参加军政朗诵比赛。面对一周内紧急备稿的挑战，该生凭借深厚的文学功底与高效的团队协作，带领团队取得了校级二等奖的优异成绩，用实际行动诠释了阅读与专业相结合的力量。

▲ 带领师弟师妹们参加军政朗诵比赛

二、"写"以抒怀

（一）撰写省级课题

该生充分利用课余时间阅读多篇论文，作为负责人带领团队成员历经一个月的辛勤耕耘，从资料收集、文献综述到实地调研、数据分析，每一步都精益求精，力求达到研究的深度与广度。该生协调团队成员的分工与合作，定期组织讨论会，鼓励大家积极发言，共同解决研究中遇到的难题。经过无数次的讨论与修改，成功完成了关于大学生马克思主义信仰相关论题的研究，成功立项 2023 年山东省大学生文化艺术科学研究课题。

▲ 2023 年山东省大学生文化艺术科学研究课题立项证书

（二）发表论文

该生不仅经常沉浸于经典书籍的海洋中，汲取着历史的智慧与文化的精髓，还时刻保持着对党史国情的密切关注。该生坚持每天前往图书馆，细致查阅关于党史国情的最新报刊，深入研读多篇相关领域的前沿论文，不断拓宽自己的知识视野。在老师的悉心指导下，该生更是将所学所得融入学术研究之中，撰写了题为《试论党史融入大学生理想信念教育》的论文。经过无数次的讨论与修改，这篇论文最终在《教育学文摘》上成功发表。

▲ 查阅资料的照片

▲ 发表的论文

三、"讲"以传扬

（一）进行读书分享

作为 2023 级播音与主持艺术 1 班班长，该生在学习上始终保持着认真踏实、勤勉好学的态度，每日坚持阅读经典文学作品与专业知识书籍，进行深度的知识积累与思维拓展。这一习惯让该生在学业上取得了显著的成绩，学习成绩位列年级第六，综合考评更是跃居年级第二。该生深知这些成就离不开日常的点滴积累与不懈努力。在班级中该生积极策划并带领同学们借阅经典书籍、组织读书分享会。在每

▲ 进行阅读经典分享

次分享会上，该生都会精心挑选书籍，深入解读书中精髓，并结合自身学习经验，生动地向同学们分享阅读心得与学习方法。这不仅丰富了班级文化，还激发了同学们的阅读热情，增强了团队协作能力，为班级营造了积极向上的学习氛围。

（二）参与校内宣讲

该生具备出色的学习与应用能力，能够将书本中的知识融会贯通，实现知识的多维度应用。在参与"建行杯"山东省大学生创新大赛（2024）的集中培训期间，该生同时报名参加了本校举办的"探寻红色印记·传承红色基因"红色宣讲选拔赛。面对双重任务，该生展现出了极高的认真度与严谨性。

在集中培训的日子里，该生不仅全情投入，认真完成工作，还挤出时间深入研究红色文化，为选拔赛做足准备。该生巧妙地将书中所学的红色文化知识融入 PPT 的制作中，而且对每一个细节都力求完美，确保内容既准确又生动。

为了提升宣讲效果，该生利用晚上的休息时间，反复进行演练，不断调整语速、语调以及肢体语言，力求将红色故事讲得更加生动感人。经过无数个夜晚的努力与坚持，该生最终在我校的红色宣讲选拔赛中脱颖而出，荣获一等奖的优异成绩。同时，在随后举行的"建行杯"山东省大学生创新大赛（2024）中，该生也凭借在集中培训期间学到的知识与技能，和团队成员一起成功斩获省级金奖。这两项荣誉不仅是对该生个人能力的肯定，还是对该生能够同时高效应对多项挑战、实现"两手抓、两手硬"，并将阅读经典的精髓转化为实际行动与成果的生动体现。

▲ 齐鲁理工学院"探寻红色印记·传承红色基因"——红色宣讲选拔赛获奖证书

▲ 进行红色宣讲

四、"行"以笃实

（一）进行校内实践

该生在日常生活中，对齐鲁文化怀有浓厚的兴趣，经常到图书馆精心挑选并借阅与齐鲁文化相关的书籍，如《论语》《山东历史名人传》等，同时利用馆内丰富的电子资源，查阅学术论文、历史档案及期刊资料，以期全面而深入地了解齐鲁文化的精髓与内涵。

▲ 查阅齐鲁文化相关材料

在 2023—2024 学年的第二学期，该生有幸担任了学校齐鲁文化馆的讲解员。该生经常会沉浸在文化馆中，从晨光初照到夜幕降临，对每一块展板上的内容进行细致入微的研究，不仅熟悉文字描述，还深入理解背后的历史故事与文化意义。该生通过反复练习，力求将讲解内容表达得既准确又生动，使听众能够感受到齐鲁文化的魅力与深度。因此，她的讲解充满了感染力与吸引力。2024 年 7 月，正值暑假期间，该生留校担任讲解员，接待了驻济高校领导前来学校的交流学习团队。该生成功将所知所学付诸实践，赢得了老师的一致好评，展现了青年学子在文化传承与创新中的积极作用。

🔺 在齐鲁理工学院齐鲁文化馆担任讲解员

（二）理论应用比赛

该生始终秉持着"以经典为伴，以阅读为乐"的学习理念，积极将书中所知所学应用于实践，尤其是在各类比赛中，展现出了卓越的能力与风采。

在 2024 年第六届全国大学生语言文字能力大赛中，该生深入研读《现代汉语》《古代汉语常用字字典》等经典工具书，不仅掌握了丰富的词汇量和准确的语法知识，还学会了如何灵活运用语言来表达思想和情感。该生凭借深厚的文学功底和扎实的语言文字应用能力，从众多参赛者中脱颖而出，荣获国家级三等奖。同年，该生还参加了第二届全国大学生教育教学能力大赛，并在初赛中荣获一等奖。这些成绩充分展现了新时代青年的学识与风采。

第六届全国大学生语言文字能力大赛的获奖证书

第二届全国大学生教育教学能力大赛的获奖证书

（三）进行校外学习

该生不局限于从书籍中汲取知识，更珍视每一次外出学习的机会，积极投身于各类活动中，以拓宽视野并深化理解。2024年7月，该生有幸在老师的精心组织下，参与了"三下乡"社会实践活动。这是一次深入农村、了解基层、服务群众的宝贵经历。在活动期间，该生参观了下丁家红色纪念馆。该生不仅认真听取讲解员的介绍，汲取讲解经验，还仔细观看每一件展品，主动查阅相关资料，与同行同学热烈讨论，力求全面而深刻地理解红色历史，传承红色基因。通过实地参观，该生深刻感受到了革命先辈们不畏艰难、勇于斗争的革命精神，以及他们为国家和人民所作出的巨大牺牲。这进一步激发了该生对革命历史的敬畏之心和爱国情怀。除了红色教育，该生还积极参与了农村劳动实践，学习树木护理技能，如修剪、施肥、防虫等技能，不怕苦累，助农减负，深刻体会到了农民的辛劳及农业的重要性。

参加"三下乡"社会实践服务队

通过此次"三下乡"社会实践活动，该生不仅增长了见识，锻炼了能力，更重要的是，该生以实际行动践行了新时代青年的责任与担当，展现了青年学子服务基层、服务群众的决心与热情。该生深刻体会到，只有将经典阅读与实践相结合，才能真正做到学以致用、知行合一。

五、结语

综上所述，该生在校期间积极贯彻落实学校养成教育方针政策，养成了阅读经典的好习惯，在日常生活的点滴中亦持之以恒地践行着这一理念。该生的养成教育好习惯之阅读经典的日常典型事迹涵盖了"读""写""讲""行"等多个方面。这些阅读经典的经历不仅彰显了该生学识的渊博及其对智慧的渴求，还促进了文化的传承与社会的正向发展。"阅读经典"是一种值得每个人去沉浸与践行的智慧之旅和心灵滋养。在未来的学习生活中，该生将继续以阅读经典为伴，不断提升自己的素养，用更加丰富的知识和更加深刻的思考，去迎接新的挑战，去探索未知的领域。该生将以昂扬的斗志发出青春的光与热，以百倍的信心抵达新的远方，成为那个在经典中汲取智慧、在实践中不断成长的时代新青年。

养成教育之助人为乐学生典型事迹（一）

崔学富，男，汉族，系齐鲁理工学院医学院 2022 级护理学 5 班副班长。

进入大学以来，崔学富同学始终坚持积极向上的态度，时时刻刻以高标准要求自己，同时妥善处理好学习与工作的关系。在自身的努力和老师、同学的帮助下，该生在各方面取得了一定的进步与成就。下面从知识学习、科研竞赛、工作情况、实践生活、思想状况五个方面进行介绍。

一、知识学习

进入大学以来，该生有非常明确的学习目标，并一直为达到该目标而努力。该生始终尊敬师长，保持着谦逊好学和不骄不躁的心态，几乎将自己每天都置身于学习的氛围中，在专业知识的学习上力求做到专精，在非专业知识的学习上力求做到广博。

在专业知识学习方面，该生坚持在保持长板的基础上正视短板并有针对性地补齐不足。在大一期间考取了"医药商品购销员"证书，并积极准备英语四六级考试。

二、科研竞赛

在竞赛方面，该生积极参与 2023 年大学生科技创新大赛。作为团队负责人，该生的文本撰写能力、组织协同能力、思维创新能力都得到了锻炼。后又参加大学生职业生涯规划大赛，作为负责人，演讲、辩论能力也得到提升。

三、工作情况

作为医学院学生会的一员，该生始终秉持着为老师和同学服务的理念，力求在每一次活动中做到尽职尽责，同时有意识地锻炼自己的活动策划与组织管理能力。大一时，该生是医学院学生会权益部的一名干事，同时也是一名学生志愿者。做志愿者期间，他到达章丘烈士陵园参加"弘扬革命精神清明祭扫"

扫墓活动，去敬老院慰问老人，也去幼儿园进行支教活动。

该生在 2023 年 3 月被评为"先进个人"，2023 年 5 月获得"优秀志愿者干部"等荣誉称号。大二期间，该生担任医学院学生会权益部部长，组织参与过"5·12"国际护士节、医学院篮球赛。每一步都充满了该生对工作的高度重视与热情，得到了来自同学和老师的赞赏。

四、实践生活

2023 年 2 月初，该生乘坐公交车回老家时，在座位前面有一位大叔，身边堆满了年货。没过多久，大叔打着电话匆匆忙忙地下车了。该生起身准备下车时，发现大叔离开的座位上有个遗漏的黑色塑料袋，他过去摸了摸，发现里面是厚厚的一沓钱，具体金额并不清楚。

该生记下了大叔下车的地点，等公交车到终点站之后和司机一起报警。警察同志通过该生提供的信息，很快找到了焦急的失主，把钱归还给大叔。大叔在了解事情的原委后感激之情溢于言表，掏出现金要答谢给该生，被该生婉言谢绝了。

通过聊天得知，这笔钱是大叔准备用来给老母亲看病买药的，如果丢失了，后果将不堪设想。大叔很感动，他希望社会中多一些这样的好人，把拾金不昧的传统美德发扬光大。事后，大叔不断询问该生在哪所高校上学，几天后赠送该生一面"拾金不昧 品德高尚"的锦旗并合影留念。

在生活方面，该生开朗大方，果敢坚韧，始终坚持严于律己宽以待人。与人相处时，尊敬师长，真诚待人，团结同学，与同学相处融洽，有良好的交际能力，在学校的交际范围广泛。在课余时间，该生培养了多项兴趣爱好。

▲ 锦旗

五、思想状况

该生理想信念坚定，努力向党组织靠拢。该生在大一期间就递交了入党申请书，目前是一名光荣的入党积极分子。另外，该生还去章丘军事基地参观学习，每天做学习笔记。该生时刻以共产党员的标准要求自己，时刻以先进正确的思想和理念武装头脑。本着明礼诚信、爱国守法、坚持实事求是的思想和作风，该生勇于追求真理，具有强烈的爱国主义情感和高度的社会责任感。该生不但遵守学校的各项规章制度，具有良好的思想道德品质，而且注重个人道德修养，乐于助人，关心国家大事，在各方面表现优异。在平时学习、工作和生活中严格要求自己，力争做到工作中任劳任怨，生活中艰苦朴素，时时处处在同学中起表率作用。

养成教育之助人为乐学生典型事迹（二）

于佳卉，女，汉族，共青团员，2003 年 9 月出生于山东烟台，现任文学院 2022 级英语 1 班生活委员。

自 2003 年入校以来，于佳卉同学积极践行学习养成教育的好习惯，参加"助人为乐"活动，成绩斐然。该生帮助政府进行政务服务，并且参加了很多志愿服务，志愿服务总时长达 414.4 小时；进行了大学生"返家乡"社会实践公益讲座培训，提升了自身的实力。

一、班级助航，共赴"知识山海"

"春蚕到死丝方尽，蜡炬成灰泪始干。"身为班级生活委员与课程助理，她愿如那默默奉献的春蚕、蜡炬，倾尽全力为同学的学习之路保驾护航。课堂学习中，部分同学对高级英语这一"拦路虎"望而却步，基础概念似一团乱麻，习题更是错误百出。针对这些问题，她主动利用课余时间，组织小型学习小组，从修辞、改述的基础定义讲起，以通俗易懂的实例拆解复杂理论，耐心引导大家梳理解题思路。在她的帮助下，组员们渐入佳境，作业准确率大幅提升，期末考试对班级整体成绩较以往提高十余个百分点，实现了从"畏惧"到"攻克"的转变。

日常生活里，她细心留意同学们的所需。寒冬，为手脚生冻疮的舍友备好冻疮膏、贴心提醒增添衣物；夏日，在教室备好防暑药品，以防同学中暑不适。正因这份热忱付出，班级氛围温馨融洽，学习劲头十足，多次获"学风优良班级"称号，而她也在助力同学时巩固知识、拓宽思维，学业成绩稳居专业前列。

二、校园添彩，汇聚"互助暖流"

"赠人玫瑰，手留余香"，校园各类活动是她践行助人理念的又一"战场"。运动会期间，作为"运动员后援团"主力，她提前了解参赛同学体能状况与饮食偏好，精心准备能量补给包，从富含电解质的运动饮料到易消化的小食，事无巨细；赛中，紧盯赛场，第一时间递上毛巾、搀扶休息，为受伤同学紧急处理伤口。一位长跑选手赛后体力透支、几近晕厥，她凭借急救知识助其缓解不适、平稳恢复，保障赛事顺利进行。迎新时刻，她穿梭校园，帮新生搬运行李、指引宿舍路线，分享校园生活"秘籍"，从食堂美食攻略到图书馆借阅窍门，助力新生无缝衔接大学生活。在这一次次付出中，校园处处流淌着互助的温情，她也在其中收获友谊、成长，不断提高自身担当与服务能力。

三、社会践行，传递"爱心薪火"

"有一分热，发一分光"，该生积极走出校园，投身于社会公益活动，如参加"百强志愿 爱在社区"全国公益联动活动，并收到了招远市"青鸟计划"大学生社会实习实践活动优秀证书以及中共张星镇委员会表扬信等。

▲ 纪念证书

▲ "青鸟计划"实践活动优秀证书

▲ 表扬信

⏺ 志愿服务记录证明

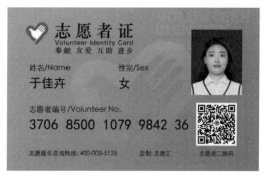

⏺ 志愿者证

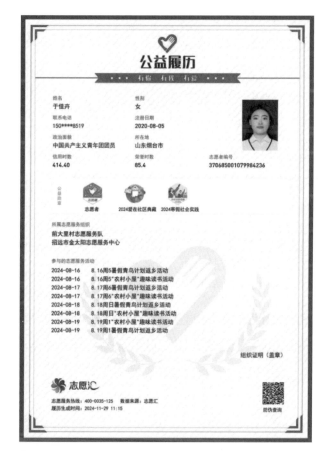

⏺ 公益履历

　　该生积极参与"青鸟计划"实践项目，力求将所学化为所用，温暖更多人。在"青鸟计划"村镇规划办岗位实习时，她接触到诸多对村镇建设新规迷茫的村民，主动迎上前，用通俗的话语，手绘简易图纸讲解房屋限高、退让距离要求，一步一步指引他们填写申报表格，还陪着他们跑遍所有窗口，直至手续顺利办妥。看着他们把紧锁的眉头舒展开来，质朴的笑容里满是感激，她深知这小小的举动意义非凡。

作为一名光荣的入党积极分子，该生时刻以共产党员的标准要求自己。在大学生"返家乡"社会实践活动中，她聚焦乡村孤寡老人生活难题，定期上门打扫卫生、帮忙采摘农作物，陪老人闲话家常排解孤寂。曾有位李奶奶因子女常年在外，身体不适又无人照料，该生便经常陪李奶奶

▲ 大学生"返家乡"公益讲座荣誉证书

就医拿药、细心叮嘱饮食禁忌，关怀备至，让老人重绽笑颜。

同时，作为英语专业的学生，该生积极投身到留守儿童英语帮扶工作中，面对孩子们基础薄弱、发音不标准的问题，运用趣味教学法开启"破冰之旅"。巧用英文儿歌、动画短片，激发他们的学习兴趣，课堂里充满欢声笑语。为了让孩子们大胆开口说英语，她以单词卡片、顺口溜助记；进阶组开展英语故事阅读、情景对话，锻炼口语与思维。定期开展"学习技能特训"，用思维导图梳理知识点、错题整理复盘，培养孩子们的自主学习能力。

经过两个月努力，成绩斐然。孩子们的英语成绩平均提升 15 分，课堂上主动发言，作业完成更出色。因这些努力，该生也收到了政府表扬信，更深刻领悟了奉献的真谛，也让社会成为延展自身能力、淬炼品格的广阔舞台。今后，该生将持续传递知识火种，助力孩子们追梦飞翔。

四、结语

回顾往昔，在"助人为乐"征程上，该生以点滴行动汇聚爱心星河，于班级、校园、社会播撒善意种子，收获成长硕果。在养成教育"助人为乐"的指引下，该生坚守此道，砥砺深耕，用更多善举照亮他人、成就自我，在齐鲁理工学院这片沃土上续写奉献华章，向着更高远目标奋进。